CONVIÉRTETE EN AUTOR
Y MONETIZA TU POTENCIAL

Escribe, publica, promociona exitosamente tu primer libro en Amazon y eleva la demanda de tus productos o servicios

- LA GUÍA DEFINITIVA -

Marcel Verand
AUTOR SPEAKER ASESOR

Conviértete en autor y monetiza tu potencial
Tercera edición, febrero 2022

©Marcel Verand, 2022
www.marcelverand.com
info@marcelverand.com

LinkedIn: /marcelverand
YouTube: /marcelverand
Facebook: /marcelverand
Twitter: http: /marcelverand
Instagram: /marcelverand

Página de Autor de Amazon:
http://www.Amazon.com/author/marcelverand

Descarga GRATIS el *checklist* de las acciones a realizar por cada capítulo: https://checklistautor.gr8.com

El presente texto es de única responsabilidad del autor. Queda prohibida su total o parcial reproducción por cualquier medio de impresión o digital en forma idéntica extractada o modificada, en castellano o en cualquier idioma, sin autorización expresa del autor. Todos los derechos reservados.

DEDICATORIA

Este libro está dedicado a ti. Sí, a ti que tienes este libro en tus manos porque sientes que tienes un mensaje que ofrecer, una historia que contar, una experiencia que compartir. Tal vez ya tienes claro cuál es el tema sobre el cual deseas escribir o aún no, sin embargo, en el fondo sientes que es el momento para ti y que tienes el poder y la capacidad de trasladar tu experiencia, conocimientos y motivaciones a un libro y con él, transformar tu vida y al mundo.

TESTIMONIOS

«Estoy compartiendo este testimonio con quienes quieran convertirse en autores exitosos en Amazon.com, a fin de recomendar los servicios de asesoría de Marcel Verand como autor coach. Encontré a Marcel de casualidad, a través de un artículo que publicó en LinkedIn llamado: **Deja tu legado, gana posicionamiento e incrementa tus ingresos a través de un libro**. En el artículo compartía recomendaciones para convertirse en un autor exitoso. Tomé contacto con él para obtener más información. En nuestra primera llamada, Marcel, fue tan generoso y tan transparente en compartir su conocimiento que me dio tres grandes secretos para ser exitoso en Amazon.com. Con esa información y sin ayuda podría haber logrado lanzar con éxito mi libro; pero fue precisamente por haber compartido tan abiertamente su conocimiento y expertise que decidí contratarlo. Tuve una experiencia increíble con él. Lancé mi libro: **La magia sí existe: cómo vencer tus miedos y crear tu vida ideal**, el 19 de diciembre del 2018. El libro, el día del lanzamiento, fue número uno en ventas en las nueve categorías en las que lo publicamos gracias a la asesoría y acompañamiento que recibí por parte de Marcel Verand. Puedes ver el libro aquí: http://bit.ly/LaMagiaSiExisteCA. De modo que recomiendo ampliamente y de corazón a Marcel Verand como asesor para aquellos que quieran ser autores exitosos en Amazon.»

Carolina Angarita Barrientos,
CEO en Discovery Network Colombia | #1 Best Selling Author La Magia Sí Existe | Keynote Speaker | Directora de la Fundación Bienestar Conexión
linkedin.com/in/carolina-angarita-barrientos

«Si quieres ser autor best seller en Amazon Marcel Verand es la persona puede ayudarte a lograrlo. Marcel llevó a que mi libro sea número 1 en ventas en cuatro países: USA, Canadá, México y España y en 14 categorías. Marcel no solo me ayudó a que mi libro, en la preventa, lograra llegar a este nivel dentro de Amazon, también me guió en el proceso de poder lograr este sueño de tener un libro, de ser best seller y de seguir impactando en la vida de muchos para que puedan tomar acción.»

Sandra Quintero Abello - Sanqui
#1 Best Selling Author Sueña en Grande y Actúa Consecuentemente | International Digital & Mobile Speaker | Asesora
linkedin.com/in/sanquidigital

PRÓLOGO

Un regalo de ustedes para ustedes

Eso es lo que es este libro. Un regalo muy valioso si ustedes en realidad quieren ser autores exitosos y que el mundo escuche su voz y su mensaje a través de un libro...¡o de muchos libros!

En mi caso, todo comenzó con mi obsesión por aprender. Creo que aprender es una de las mejores cosas que nos puede pasar a los seres humanos. Tomar la decisión es gratis, muchísimo conocimiento de fuentes válidas está hoy al alcance de todos sin cargo o sin costos excesivos y solo depende de nosotros absorberlo. Y de esa obsesión se derivó la otra que tengo: compartir lo aprendido. Entonces, busco sin parar cursos, libros y artículos de los temas que me apasionan, los devoro con felicidad plena para llenarme de ellos y luego probarlos para poder enseñar, que es lo más transformador.

En esa búsqueda obsesionada lo encontré: un artículo muy bien escrito, claro, honesto, sencillo, práctico y directo sobre cómo escribir libros. El autor del libro es Marcel Verand. Surfeando en LinkedIn, averigüé que es peruano y tiene tres exitosos libros que respaldan plenamente sus credenciales para escribir sobre el tema. Lo contacté de inmediato por esa misma red social.

En la primera llamada le hablé de mi impulso interior por enseñar, a través de un libro, el conocimiento que me ha servido para vencer el miedo y darle la vuelta con éxito a las situaciones más difíciles de mi vida. Marcel me escuchó con atención y luego me contó su propia historia, y cómo él había renunciado a una carrera importante para dedicarse de lleno a su propósito: ayudar a los demás a crear sus marcas personales y a contar sus historias al mundo. Capturó toda mi atención.

Me encantó oír la felicidad que le producía ayudar a los demás en este sentido y saber que la razón por la que él mismo escribía y asesoraba a la gente era interior y profunda.

Luego, empecé a preguntarle por el contenido de su asesoría. Y entonces llegó lo que más me sorprendió de Marcel: su transparencia y apertura total al compartir sus fórmulas para ser un best seller. En pocos minutos me había dado información valiosísima con la que yo hubiera podido perfectamente publicar mi libro sin él, pero justamente por eso no dudé en contratarlo. Era exactamente la persona que yo necesitaba, y honestamente creo que necesitan muchos de ustedes si quieren escribir un libro exitoso. De hecho, lo he recomendado a varias personas que tienen mensajes muy valiosos para compartir con el mundo, que ya están lanzando sus libros y triunfando con el acompañamiento estratégico de Marcel.

Por eso este libro es un regalo para ustedes, justo lo que están leyendo en estas mismas líneas, tienen en sus manos un tesoro: en este libro Marcel les entrega directamente el paso a paso de lo que deben hacer en el proceso de escribir un libro factual, de la vida real. Tomen «Conviértete en autor y monetiza tu potencial» como su libro amigo y compañero de propósito, que sea su luz y guía en todo el proceso. Encontrarán que está escrito con mucha claridad, aventúrense a releer las partes que más necesiten, tantas veces como consideren hasta que logren el resultado soñado.

Varios de los consejos y recomendaciones que hallarán acá servirían también para libros de ficción, pero está orientado, sobre todo, a aquellos que quieran transmitir su mensaje personal al mundo, devolver lo que han recibido, compartir sus conocimientos, contar sus vivencias o de las de personas cercanas, o lo que han aprendido de libros, cursos, conferencias, etc.

Con el acompañamiento profesional y comprometido de Marcel, el diecinueve de diciembre pasado, día de mi cumpleaños, lancé mi libro «La magia sí existe» en Amazon, y en menos de 24 horas ya era un best seller en las nueve categorías en las que Marcel me había recomendado publicarlo. Ese día vendí más ejemplares virtuales de los que hubiera imaginado, y por encima de lo que, en mi país, Colombia, se considera un best seller en librerías. Esto, teniendo en cuenta que aún la inmensa mayoría de las personas teme comprar por internet, en un país con baja penetración de tarjetas de crédito y con un porcentaje bajísimo de cuentas en Amazon... era francamente impensable, ¡no lo hubiera logrado sin Marcel!

Con este libro, los invito a superarme, a romper todos los récords y a hacer que su mensaje personal y sus conocimientos, enriquezcan a miles de seres humanos que lo necesitan y lo han estado esperando.

CAROLINA ANGARITA BARRIENTOS
#1 *Best Selling Author* del libro La Magia Sí Existe
Conferencista Internacional
Ex CEO de Google Colombia
Ex CEO de Discovery Network en Colombia
Directora de la Fundación Conexión Bienestar

QUIÉNES PUEDEN BENEFICIARSE DE ESTE LIBRO

¿Alguna vez imaginaste que podrías escribir un libro y a través de él dejar un legado, compartir un mensaje, pero también incrementar exponencialmente tus oportunidades de desarrollo personal, profesional o empresarial? Un libro puede convertirte en una autoridad reconocida en tu campo de especialidad. ¿Cómo podría impactar esto en tu negocio, en tu trabajo y en tu vida?

¡Hoy tienes esa posibilidad! He escrito este libro para darte las herramientas y conocimientos que necesitas para lograrlo. Así que **prepárate para lo que puede ser una de las mejores experiencias de tu vida**. Para mí lo ha sido, así como para las personas a las que he tenido la oportunidad de ayudar en este camino.

No imaginas la gran alegría que representa para mí el poder compartir contigo la experiencia que he acumulado, incluyendo los consejos que brindo a mis clientes para que puedan escribir, publicar y promocionar exitosamente sus libros. Entre todas las actividades que he realizado, ésta es una de las más enriquecedoras y transformadoras que he tenido la oportunidad de practicar.

Este libro tiene como principal objetivo el convertirse en una guía para todas aquellas personas que deseen escribir, publicar y promocionar su primer libro, y con él dejar un legado, un mensaje, hacer crecer su negocio, elevar la demanda de sus servicios profesionales o productos y convertirse en una autoridad en su mercado.

Considerando las diferentes expectativas que pueden existir alrededor de la promesa de este libro y que una de mis principales sugerencias es usar al libro como una herramienta de *marketing*, voy a especificar qué personas son las que pueden sacar el mayor provecho del contenido del mismo.

Las personas que pueden obtener el mayor provecho a este libro son:

- ✓ Empresarios que desean compartir su experiencia y dar a conocer su negocio, hacerlo crecer, atraer los clientes adecuados, incluso colaboradores, proveedores o inversionistas.
- ✓ Profesionales independientes o que trabajan en relación de dependencia que desean ser reconocidos como una autoridad en su campo de *expertise* y con ello elevar la demanda de sus servicios profesionales.
- ✓ Directivos que deseen mejorar sus oportunidades laborales por medio de convertirse en referentes en su campo de *expertise*.

Hago esta aclaración ya que las estrategias que compartiré aquí estarán centradas principalmente en el logro del objetivo que presenté hace un momento. Es por lo mismo que este libro no está dirigido a quienes desean publicar una novela, un cuento o un poemario, aunque seguramente varios capítulos podrían servir de guía y ayuda.

He escrito este libro para ayudarte a compartir un mensaje, a dejar un legado, a lograr una conexión profunda con el grupo de personas que serán tus lectores y que con el tiempo pueden convertirse en tus clientes, pero también para que eleves la demanda de tus productos o servicios, para ayudarte a ganar visibilidad y convertirte en una autoridad en tu mercado. De modo que te invito a que inicies la lectura de este libro pensando en cómo puede ayudarte a alcanzar los objetivos personales, económicos, comerciales y de desarrollo que actualmente tienes.

Finalmente, comentarte que, si bien compartiré contigo algunas estrategias para la promoción y venta de tus libros, este libro no ha sido diseñado para ayudarte a ganar mucho dinero con la venta de tus libros; ha sido diseñado para ayudarte a desarrollar una mentalidad que te permita primero animarte a escribir tu primer libro y luego utilizarlo como estrategia y medio para generarte las mejores oportunidades.

Dicho esto, te invito a que inicies la lectura junto con un lápiz y un cuaderno que te sirva para anotar las reflexiones, ideas y estrategias con las que te conectarás en cada capítulo.

QUIÉN SOY Y PARA QUÉ ESCRIBÍ ESTE LIBRO

Es realmente curioso como nuestra vida puede dar tantos giros, llevarnos por senderos que no imaginamos algún día recorrer. El que esté hoy aquí escribiendo este libro para ti, es uno de los tantos caminos que jamás pensé que tomaría.

Confieso que los libros siempre tuvieron un encanto especial para mí. Ahora, si bien no soy un gran consumidor de literatura, sí me considero un gran consumidor de libros profesionales y de autoayuda. Esto se debe a que tiendo a ser una persona muy práctica y orientada a la búsqueda de información para los temas que son de mi interés, sobre todo a nivel laboral.

Diez años atrás me habría costado mucho imaginar que podría dedicarme a ayudar a otras personas a escribir y publicar sus libros y también a escribir los míos.

Entonces tenía la creencia de que solo las personas expertas y con muchos años de experiencia podían atreverse a escribir un libro. También pensaba que únicamente las personas que hubiesen realizado una gran investigación sobre un tema determinado, podrían estar facultadas para escribir.

Finalmente, pude cuestionar esas creencias y considerar que podía convertirme en autor.

Tal vez la cuestioné por primera vez cuando, siendo catedrático en la Universidad Argentina de la Empresa (UADE), me invitaron a escribir un capítulo sobre *coaching* para un libro de liderazgo que estaba publicando uno de los profesores principales de la universidad. Recuerdo entonces que acepté la invitación y lo primero que hice fue leer muchos libros sobre el *coaching*. Entonces tenía claro el objetivo para ese capítulo, deseaba brindar herramientas para el uso del *coaching* tanto a nivel personal como empresarial. En mi investigación sobre el tema traté de encontrar la mejor información para compartirla y así lo hice. El capítulo no es muy extenso y en él presento lo que a mi parecer es el conocimiento básico que cualquier persona debe tener sobre el *coaching* para empezar a utilizarlo. Si bien creo que el capítulo presenta información útil, hoy me doy cuenta que el único valor que este capítulo agrega a quienes lo leen es que sintetiza y presenta información de diferentes fuentes. En otras palabras, su valor está en que le ahorra tiempo a las personas, ya que en un solo lugar puede encontrar información relevante sobre el tema. Pero no más que eso. **La información sola no es suficiente, hoy creo que lo más importante es la experiencia alrededor de ella y también su aplicación práctica, y es ahí donde todos tenemos la gran oportunidad de escribir libros que agreguen verdadero valor a nuestros lectores.**

Tomó algunos años para que me de cuenta de esto, pero hacerlo marcó toda la diferencia. Hoy me encuentro escribiendo mi cuarto libro a menos de un año de mi última publicación. Sumado a eso, he logrado obtener el reconocimiento de alcanzar la posición #1 en ventas en el mercado de Amazon US, Amazon ES y Amazon Mx en diferentes categorías. Pero lo mejor de todo, es que he podido conocer a destacados y renombrados profesionales ubicados en Perú, USA, Colombia e incluso Inglaterra y ayudarlos en la escritura y publicación de sus libros y también en la obtención del #1 en ventas en cada uno de ellos.

A la fecha, esta es una de las experiencias más gratificantes que he podido tener. Poder contribuir con diferentes personas a que compartan un mensaje, que compartan sus experiencias, que compartan sus conocimientos y así puedan impactar en las vidas de personas a nivel mundial; es realmente un privilegio y un honor por el cual me siento muy agradecido.

Si lees mis libros anteriores, encontrarás que el propósito que he elegido para esta vida es **ayudar a muchas personas a poder conectarse con una genuina sensación de realización personal, también a poder dar a conocer su verdadero valor y con ello mejorar su calidad de vida.** Los libros que publico son un medio para cumplir mi propósito, pero también el poder trabajar y ayudar a escribir y publicar libros a otras personas con grandes mensajes que compartir. Si bien no soy autor de esos libros, mi trabajo en la publicación o difusión de esos libros permite que muchas personas puedan tener acceso a ellos y eso me hace muy feliz, ya que indirectamente puedo impactar positivamente en la vida de los lectores de mis clientes y con ello expresar mi propósito de vida y contribuir positivamente con este mundo.

Como puedes ver, los libros que he publicado han tenido un gran impacto en mi vida, tanto a nivel personal como profesional.

Es por ello que me encuentro hoy escribiendo este libro para ti. Para compartir contigo un recurso más que facilite tu proceso, que te ayude a poder trasladar a un libro toda esa experiencia y vivencias que has ganado. Este libro es parte de mi colección «***Monetiza tu potencial***»

He preparado el contenido de este libro asumiendo que ya sabes sobre qué tema escribir, pero que no sabes cómo presentar la información. En este libro compartiré contigo la ruta que sigo cuando asesoro a mis clientes en cómo escribir, publicar y promocionar su primer libro en Amazon.

Puedo decirte de corazón que este libro es de muy fácil lectura y al igual que los anteriores, está lleno de sugerencias prácticas y fácilmente aplicables.

Ya no tendrás excusas que te impidan convertirte en autor y compartir tu mensaje con el mundo.

CONTENIDO

DEDICATORIA iii
TESTIMONIOS v
PRÓLOGO vii
QUIÉNES PUEDEN BENEFICIARSE DE ESTE LIBRO xi
QUIÉN SOY Y PARA QUÉ ESCRIBÍ ESTE LIBRO xv
CAPÍTULO 1: TU LIBRO PUEDE CAMBIAR TU VIDA 1
CAPÍTULO 2: LA RUTA 17
CAPÍTULO 3: CUÍDATE DE ESTO 21
CAPÍTULO 4: CLARIFICA EL PROPÓSITO DE TU LIBRO 31
CAPÍTULO 5: TU TÍTULO & SUBTÍTULO 39
CAPÍTULO 6: TU CONTENIDO 45
CAPÍTULO 7: PUBLICA 55
CAPÍTULO 8: PROMOCIONA 63
CAPÍTULO 9: MONETIZA 75
CAPÍTULO 10: ENTREVISTA A EXPERTOS 79

    Carla Olivieri – Autora de los libros Yo fuera de la caja | Mi hijo es hiperactivo, ¿el tuyo? 80

    Bárbara Herrera Puch – Promoción y venta de libros 81

    Sandra Camacho – Correctora de estilo 82

    María Bolívar Villarroel – Asesora en LinkedIn 87

DESPEDIDA Y LO QUE SE VIENE… 89
ACERCA DE MARCEL VERAND 91
OTROS LIBROS DE MARCEL VERAND 93
PRODUCTOS DE MARCEL VERAND 94
CONTRATA A MARCEL VERAND PARA TU EVENTO 97

CAPÍTULO 1: TU LIBRO PUEDE CAMBIAR TU VIDA

«Tu hogar no es el lugar donde naciste. Es el lugar donde te conviertes en tí mismo.»
Pico Iyer

Escribir y publicar tu primer libro puede transformar positivamente tu vida, lo hizo con la mía, y con la de muchas de las personas a las que he ayudado en este gran salto personal.

En este capítulo quiero compartir contigo los diferentes beneficios que he experimentado y de los que he sido testigo en quienes se animaron a trasladar su conocimiento y experiencia a un libro.

Tu primer libro:

- ✓ Te ayudará a ganar confianza en ti
- ✓ Te conectará con una profunda sensación de gratitud
- ✓ Te ayudará a conseguir más fácilmente oportunidades de exposición profesional o empresarial
- ✓ Te ayudará a conseguir oportunidades para ser invitado como conferencista
- ✓ Te ayudará a tomar contacto con personas que sean de interés para ti
- ✓ Te permitirá atraer más y mejores clientes a tu empresa o a tu oferta de servicios
- ✓ Te permitirá mejorar tu red de contactos profesionales
- ✓ Te permitirá atraer colaboradores, proveedores y hasta socios a tus emprendimientos o proyectos
- ✓ Te permitirá escalar tu negocio y crear una serie de productos y servicios complementarios
- ✓ Te permitirá dejar un legado, compartir un mensaje y transformar muchas vidas

Veamos algunos de ellos en detalle.

Te ayudará a ganar confianza en ti

Este es uno de los principales beneficios que experimenté de cada uno de los libros que he publicado. Escribir tu libro te conectará con diferentes momentos y experiencias significativas en tu vida, te conectará con situaciones de éxito, de fracaso y de aprendizaje que te han permitido alcanzar un nivel de sabiduría que te hace único. También te permitirá tomar consciencia del conocimiento y experiencia que has ganado. Comprobarás que sabes mucho más de lo que imaginas y retomarás conocimiento de las grandes contribuciones que has ido realizando a nivel profesional o empresarial en las diferentes actividades en las que has participado.

Hace algunos meses leí sobre una estadística que indicaba que en promedio un 70 % de las personas suele menospreciar sus talentos, habilidades y experiencia. Debo confesar que yo me encontraba dentro de ese 70 %, pero eso cambió en buena parte debido al proceso por el cual transité al escribir cada uno de mis libros. Lo mismo sucederá contigo. Te conectarás con el verdadero valor que tienes para ofrecer y ello elevará mucho tu confianza.

Te conectará con una profunda sensación de gratitud

Este es otro gran beneficio de escribir un libro. La gratitud proviene de la toma de consciencia de la gran oportunidad que tenemos de poder llegar a muchas personas e impactar positivamente en sus vidas. Podrás impactar en personas desconocidas, y también conocidas, pero no solo por el mensaje que compartes dentro de tu libro, sino también porque te conviertes en un ejemplo de que es posible escribir un buen libro, incluso sin experiencia previa en ello. Escribir un libro nos da esa posibilidad.

También podrás experimentar la gratitud al darle sentido a cada una de las diferentes experiencias anteriores en tu vida, positivas o negativas. De alguna forma, esas experiencias te han traído hasta aquí, hasta el punto de convertirte en autor. Muy posiblemente muchos momentos difíciles que te tocaron pasar no tenían sentido o parecían injustos, sin embargo, el tiempo y la perspectiva que has ido ganando con los años te permiten ahora darle el mayor sentido y entender la importancia de cada una de esas situaciones en tu vida, incluso, te pueden haber servido para que tu libro agregue aún más valor a tu lector. El escribir tu libro te conectará con estos momentos y te dará la oportunidad de capitalizarlos en pos de tus lectores y de ti mismo.

Te ayudará a conseguir más fácilmente oportunidades de exposición profesional o empresarial

Un libro tiene un alto valor percibido. Si bien existen libros malos, la percepción generalizada sobre los libros y los autores es muy positiva y esto es algo que puede servirte a nivel de exposición empresarial.

Tu libro contiene información, experiencias y consejos que son de valor para un público de lectores específico. Las empresas y medios relacionados a este público tendrán interés en conocerte y en dar a conocer tu libro, ya que ello les permite agregar valor a su público.

Es por ello que gracias a tu libro podrás conseguir entrevistas o invitaciones a dar conferencias o presentaciones orales compartiendo el contenido. Hay autores que han logrado ser entrevistados en la televisión, en la radio, en medios impresos masivos, en revistas y en blogs en Internet. Muchos autores, gracias a su libro, se han convertido en conferencistas y han participado de diferentes eventos empresariales relacionados al tema de su libro.

Carolina Angarita Barrientos es una prueba real de este y muchos de los beneficios que aquí presento. Publicamos su libro *La magia sí existe* en diciembre del 2019. Como resultado, logramos que el libro se convierta en #1 en ventas en 9 categorías en Amazon.com, junto con una gran cantidad de ventas. Este logro se debió, en gran parte, a que Carolina tiene ya un nombre ganado en Colombia y Latinoamérica, fue CEO en Google Colombia, ex CEO en *Discovery*

Networks para Colombia y actualmente se dedica a su propósito de vida ayudando a otras personas a lograr un crecimiento personal y espiritual para acercarse al tipo de vida que desean. Esta experiencia mediática, junto con su gran carisma, gran vocación de servicio y buen nivel de contactos, le permitieron lograr apariciones en los principales periódicos de Colombia como *El Tiempo* (puedes ver en enlace aquí: **http://bit.ly/2W5U61t**), en programas de TV como invitada y también recibió invitaciones para dar conferencias donde compartió el contenido de su libro. Dado el éxito de su libro y lo interesante de su contenido, Carolina logró que la Editorial Planeta se interese en publicarlo en tres países: Colombia, Perú y Ecuador. Carolina participó en la Feria Internacional de libro de Bogotá 2019 – FILBO2019 – presentando su libro a través de una conferencia. Aquí comparto contigo unas fotografías de ella el día de la conferencia y firmando autógrafos, así como de la promoción de la versión Kindle con la que se convirtió en autora #1 en ventas.

https://carolinaangaritab.com/la-magia-si-existe/

Gracias a tu libro, tu nombre puede ganar visibilidad en tu campo profesional y elevar tus oportunidades para ser reconocido como un experto en tu campo de actividad (siempre que tu libro trate de ello).

Te ayudará a conseguir oportunidades para ser invitado como conferencista

Si bien lo mencioné en el punto anterior, este beneficio es tan importante que merece un espacio propio. Si te fijas en la mayoría de los conferencistas famosos, todos tienen el común el contar con uno o más libros. De hecho, suelen preparar sus conferencias en base a ellos.

El que te conviertas en un conferencista puede ayudarte mucho a convertirte en líder de opinión y vendas aún más servicios o productos. Solo imagina tener la posibilidad de realizar una presentación ante potenciales clientes. Ellos tendrán mucha más disposición a lo que puedas ofrecerles por el solo hecho que seas un autor publicado y que además estés en un escenario compartiendo el mensaje de tu libro, y te preferirán a cualquier profesional que ofrezca algo similar y que simplemente los llame para tener una cita comercial.

Al convertirte en conferencista elevarás tu influencia en tu sector, incrementarás tus oportunidades comerciales, también atraerás personas de valor a tu red de contactos y más oportunidades para dar tus conferencias. Muchos conferencistas escriben un libro solo para mejorar sus oportunidades como, justamente, conferencistas.

Las empresas que organizan eventos empresariales consideran a los autores como potenciales conferencistas ya que, al contar con un libro, demuestran cierto nivel de experiencia y conocimiento en el tema. Como prueba de ello te comento que en una entrevista que hice a Alexandra Romero, gerente de contenidos de Seminarium Perú, la empresa más importante en el país para la creación de eventos empresariales, comentó que en el proceso de búsqueda que sigue para encontrar a los conferencistas de sus eventos, ingresa a LinkedIn y, entre las cosas que revisa en cada perfil están: el que sean catedráticos universitarios, que tengan algún video donde demuestren su capacidad dar conferencias **y que hayan publicado un libro** o *papers*. Puedes ver un fragmento de la entrevista en este enlace: **http://bit.ly/AleRomeroMV**

Si tienes interés en convertirte en conferencista, un libro puede ayudarte mucho a generarte oportunidades para ello. Una vez que tengas el libro, podrías preparar conferencias sobre cada uno de los capítulos u ofrecer una que cubra todo el libro.

Un buen ejemplo de ello es **Sandra Quintero Abello**, más conocida como Sanqui; ella ha desarrollado una carrera y ganado mucha experiencia en el mundo de los negocios digitales, ha llegado a ocupar la posición de CEO de Facebook para Colombia, entre otras posiciones directivas muy importantes en su país. Debido a su experiencia, ha sido invitada como conferencista en diferentes países para hablar sobre temas de su especialidad en negocios digitales, pero recientemente, el 22 de mayo 2019, publicamos su libro **Sueña en grande y actúa consecuentemente,** donde Sanqui comparte su filosofía de vida, así como las diferentes decisiones que ha ido tomando a lo largo de ella y que le han permitido lograr grandes cosas para ella y su familia. El día del lanzamiento, junto con Sanqui, logramos que el libro se convierta en #1 en ventas internacional, ya que logró ser #1 en Amazon USA, Amazon España, Amazon México y Amazon Canadá, logrando en total ser #1 en 14 categorías entre los 4 países.

El mensaje del libro de Sanqui es tan poderoso, que fácilmente puede crear una comunidad internacional alrededor del libro, organizar eventos y conferencias que le permita compartir este mensaje a muchas más personas o a los mismos lectores de su libro. Sin duda, este libro le permitirá a Sanqui llamar la atención de organizadores de eventos y con ello recibir invitaciones y contrataciones como *keynote speaker* en sus eventos empresariales, dándole la oportunidad de hablar sobre este tema que tanto le apasiona.

https://sandraquintero.com/libro/

Te ayudará a tomar contacto con personas que sean de interés para ti.

Uno de los principales motivos por el cual he incorporado en mi asesoría la escritura, publicación y promoción de libros, es porque ayuda mucho a mis clientes a generar oportunidades comerciales y de exposición.

Gracias a tu libro puedes lograr conexiones importantes e incluso reuniones con personas que parecieran estar fuera de tu alcance. El libro te da una excusa perfecta para poder tomar contacto con personas de valor para ti, sobre todo si estas personas están relacionadas al tema sobre el cual escribes, ya que puedes invitarlas a participar compartiendo su experiencia o punto de vista dentro de algún capítulo de tu libro.

Personalmente, gracias a mis libros he logrado tomar contacto con diferentes personas de valor para mí. Lo he hecho a fin de agregarle valor a quienes leen mis libros. Por ejemplo, en mi libro **Conviértete en speaker**, tomé contacto con artistas famosos en el Perú, así como importantes profesionales vinculados de forma directa o indirecta al mundo del espectáculo y eventos empresariales con el fin de entrevistarlos. Mi deseo fue complementar la información que ya compartía en mi libro sobre la experiencia de otros profesionales, de modo que el lector pueda tener una mirada panorámica del mundo de un conferencista. Filmé las entrevistas, las subí en modo «oculto» a mi canal de YouTube y coloqué los enlaces directamente en el capítulo de entrevista a expertos. El resultado fue muy bueno.

Incluso, en este libro encontrarás que también existe un capítulo al final llamado «entrevista a expertos» donde comparto la entrevista a diferentes autores exitosos, así como profesionales vinculados al mundo de la escritura, corrección, publicación y promoción de libros. Esto con el mismo objetivo de agregarte aún más valor.

Un caso interesante que comparto contigo es el de un cliente llamado **Adrián Guevara**. Junto con Adrián publicamos su libro **Reinventa tu management comercial**, en el cual aborda diferentes temas de vanguardia relacionados al mundo comercial dentro de la industria del consumo masivo. Puedes encontrar su libro aquí: **https://lnkd.in/g3HHXMF**

Adrián es propietario de una agencia de trade & shopper marketing, tiene como clientes a diferentes empresas transnacionales y locales de este sector y les ayuda, entre otras cosas, a desarrollar nuevos canales de venta para sus productos y potenciar los actuales.

A fin de enriquecer el contenido del libro y también poder mejorar su relación y vínculo con clientes actuales y potenciales, Adrián generó contactos con diferentes CEOs de empresas de esta industria y los invitó a participar con casos de éxito. Sumado a esto Adrián logró que el prólogo de su libro sea escrito por el BEO (Business Executive Officer) de Nestlé en Perú, dándole la oportunidad de tener buenas reuniones con él y de afianzar la relación profesional entre ambos.

Con Adrián realizamos también un pre lanzamiento y pudimos obtener la distinción de #1 *best seller* para su libro en diferentes categorías. Hecho que ha ayudado aún más a Adrián a generar buenos contactos.

Aquí comparto la portada de su libro junto con la foto que se tomó con Doménico Casaretto, BEO en Nestlé Perú.

MARCEL VERAND

https://www.adrian-guevara.com

Te permitirá atraer más y mejores clientes a tu empresa o a tu oferta de servicios.

¿Te has puesto a pensar cuánto tiempo de atención le dedicamos a las diferentes publicaciones en las redes sociales? Entre uno y dos segundos. Hemos desarrollado una gran habilidad en el uso de los dedos para estos dispositivos y rápidamente pasamos de una publicación a otra buscando alguna que nos llame realmente la atención.

Te menciono esto porque uno de los mayores desafíos que tenemos los empresarios y profesionales en general, es lograr captar la atención de nuestro mercado, darnos a conocer, que sepan que existimos y también cómo es que podemos agregarles valor. Otro desafío que tenemos está en ganarnos la confianza de nuestro mercado para que deseen invertir tanto su tiempo como su dinero en nuestra oferta.

Un libro te permite lograr las dos cosas: captar la atención y ganarte la confianza de tu mercado.

Primero que todo, recuerda que un libro tiene un alto valor percibido, de modo que cuando una persona se relaciona con un libro, generalmente no lo hace con la desconfianza de que le desean vender algo. Cosa que si sucede cuando recibimos un *brochure* o un folleto comercial. Cuando tus clientes reciban tu libro, puedes captar su atención desde el título y subtítulo, incluso desde tu portada. Con estos elementos ellos pueden darse cuenta si tu libro les aportará valor o no. Esto los invitará a comprar tu libro y leerlo.

Segundo, lograrás ganarte la confianza de tu mercado cuando empiecen a leer tu libro y realmente perciban que les agregas valor, que los ayudas a resolver los problemas que tienen y que además demuestras conocimientos o una experiencia real en el tema sobre el cual escribes. Sentirán que tienen una conversación directa contigo y que te interesas en ayudarlos.

Un libro puede permitirte lograr captar la atención y confianza de potenciales clientes, incluso lograr que inviertan una a dos horas en leerlo con toda su atención, que lo lleven a sus vacaciones, a su habitación, a su sillón favorito, etc.

Es por ello que te propongo usar el libro para poder hacer crecer tu negocio, ya que como consecuencia de leer tu libro muchas personas se interesarán en relacionarse contigo, en tus productos, servicios o en que les des asesoría personal.

Todos mis libros son concebidos con este objetivo. He escrito un libro sobre cada uno de los servicios de asesoría personal que ofrezco. Los libros me permiten compartir el sistema que utilizo en mis asesorías, y si bien muchas personas pueden aplicar los consejos que comparto sin contratar mis servicios, otros prefieren tomar contacto directo conmigo para ahorrar tiempo y así asegurar los resultados.

Lo importante es que tus libros realmente aporten valor. Por mi parte, me aseguro de compartir mucha información de valor en mis libros, ya que además de buscar que me sirvan para captar la atención de mi mercado y ganar su confianza, también tengo la misión personal de contribuir con este mundo a través de mis actividades, y busco que con mis libros y demás información gratuita que comparto, muchas personas puedan mejorar su calidad de vida y transformarla, y conectarse con una genuina sensación de realización personal.

Para muestra un botón, aquí tienes los cuatro libros que están directamente vinculados a la asesoría que suelo dar a empresarios y altos directivos: **La Colección Monetiza tu Potencial**

http://www.Amazon.com/author/marcelverand

Te permitirá atraer colaboradores, proveedores y hasta socios a tus emprendimientos o proyectos.

Tu libro puede ser un poderoso medio de reclutamiento, tanto de colaboradores, como de proveedores e incluso socios comerciales o inversionistas.

La razón principal es que un libro te permite explayarte sobre los temas que son importantes para ti, hablar de los temas que te apasionan, explicar y presentar tus principales motivaciones y propósito; esto último sirve como un poderoso imán hacia las personas que puedan identificarse contigo o tus propuestas.

Si eres empresario y te expresas con pasión sobre tu empresa, sobre tus productos o servicios, si compartes información sobre cómo construiste tu negocio, qué desafíos enfrentaste, cuál es el propósito que persigue, incluso cómo seleccionas y tratas a tus colaboradores, te aseguro que muchas personas querrán acercarse y trabajar contigo, en tu proyecto o empresa. Un libro te permite presentar de forma adecuada tu visión. Esta misma visión puede permitirte atraer al tipo de proveedores que buscas e incluso a personas o empresas que quieran invertir en ti o en tu proyecto o negocio.

Tengo un cliente llamado **Aron Prado**, empresario, dueño de dos importantes empresas en el Perú. Cuando conocí a Aron, ya tenía el deseo de compartir su experiencia a través de un libro y así inspirar a más personas a volverse emprendedoras.

El espíritu de emprendedor en Aron destacó desde que tuvo tan solo cinco años, edad en la que vendía periódicos por propia iniciativa y no por necesidad, al poco tiempo empezó a vender bolsas a los comerciantes, llegando a convertirse en el distribuidor de su pueblo con menos de 13 años. La historia de Aron es inspiradora no solo porque logró convertirse en un empresario reconocido en el Perú, también porque enfrentó con coherencia situaciones muy adversas, y que ayudaron a consolidar sus actuales valores personales.

El libro que publicamos se llama ***Emprende con éxito tus sueños***; en él comparte parte de su vida y las lecciones más importantes que obtuvo como emprendedor. Aron cree firmemente que el éxito de un país está muy relacionado al nivel de emprendedores con el que cuenta, es por ello que el objetivo de este libro es ayudar a las personas a tomar la decisión de volverse emprendedoras y puedan así mejorar su calidad de vida y la de su familia. Este libro fue un éxito, obtuvo la distinción de #1best seller internacional, con la obtención del #1 en ventas entre 12 categorías entre los mercados de USA, Canadá e Italia en Amazon.

Te menciono este libro porque debido al tipo de información que comparte, estoy seguro que le servirá mucho para atraer nuevos colaboradores para las empresas que tiene en el país. Pero también le permitirá atraer mejores proveedores, más clientes e incluso algunas personas que deseen asociarse con él.

Aquí puedes ver la portada del libro y la *web site* de una de las empresa de Aron: **https://mobiliaindustrial.com.pe**

MARCEL VERAND

Te permitirá escalar tu negocio y crear una serie de productos y servicios complementarios.

Este punto es muy interesante ya que tu libro, además de ayudarte a obtener oportunidades para hablar en público y participar de entrevistas, también te permite crear diferentes oportunidades comerciales a partir de él.

Me refiero a que según el tipo de libro que publiques puedes:

- ✓ Ofrecer conferencias
- ✓ Ofrecer cursos digitales
- ✓ Ofrecer talleres y cursos presenciales
- ✓ Ofrecer certificaciones
- ✓ Ofrecer asesorías
- ✓ Ofrecer procesos de coaching personales o grupales
- ✓ Ofrecer *masterminds*
- ✓ Crear eventos
- ✓ Crear tiendas físicas
- ✓ Ofrecer productos físicos
- ✓ Etc.

Desde la perspectiva del marketing digital, es posible crear todo un embudo de ventas en el cual tu libro representa un medio para atraer potenciales clientes que puedan eventualmente ir comprando tus diferentes productos y servicios. Conocidos *speakers* de plataforma lo hacen. Aprovechan sus conferencias para ofrecer al final de las mismas sus productos o incluso otros eventos que ellos mismos organizan.

Esto sirve no solo para personas que ofrecen servicios profesionales, sirve también para empresarios con productos físicos.

Un ejemplo de esto lo representa **María Bolívar Villarroel**, asesora en LinkedIn.

Junto con María realizamos una publicación de su libro ***Crea un perfil exitoso en LinkedIn*** logrando que obtenga el #1 en ventas en 11 categorías en los mercados de Amazon en USA y Mexico.

Este libro le ha permitido acelerar el posicionamiento profesional como asesora en esta red profesional, así como elevar la demanda de sus servicios profesionales. Gracias a esto está en capacidad también de ofrecer entrenamientos en empresas como complemento a sus servicios de asesoría.

Un objetivo que tiene a corto plazo es trasladar su experiencia a un curso digital, algo que el libro favorece mucho como medio para captar potenciales clientes para esa formación.

Puedes encontrar su pefil en LinkedIn aquí:
linkedin.com/in/maríabolívarvillarroel

Te permitirá dejar un legado, compartir un mensaje y transformar muchas vidas.

Si bien he concebido este libro con el objetivo de ayudarte a potenciar tu negocio y/o elevar la demanda de tus servicios profesionales o productos, te comento que el principal valor que un libro te dará es la oportunidad de impactar en la vida de los demás, de dejar un legado en el mundo, de transformar muchas vidas incluyendo la tuya.

¿Eres consciente de que lo que has vivido, lo que has aprendido, lo que sabes, puede ayudar a muchas personas?

Un libro te da la gran oportunidad de compartir un mensaje, tu mensaje, con muchas personas, no solo en tu país sino también a nivel mundial. Tu libro tiene el potencial de traducirse a muchos idiomas, incluso de convertirse en una película.

Una de las principales transformaciones que viví en el momento de escribir mis libros se dio gracias a la conexión con un profundo agradecimiento y también a la sensación de realización personal, sobre todo porque realmente sentía que podía marcar la diferencia en la vida de otra persona. Esto hizo que me inspire y que me afane más en compartir verdadero valor.

MARCEL VERAND

En un mundo donde existe y se promociona mucha negatividad, que curiosamente tiene un elevado atractivo en buena parte de la población, tener la oportunidad de participar de este mundo, pero aportando luz, es algo que puede motivarte a dar este importante paso en tu vida y tomar la decisión de publicar un libro.

Creo que todo libro tiene el potencial de transformar vida, de dejar un legado y de compartir un mensaje. Mientras escribo este párrafo tengo presente a algunas nuevas clientes con las que trabajaré, con una historia de vida realmente inspiradora; les ha tocado pasar por «pruebas» y «situaciones muy difíciles», pero de las que han adquirido un gran aprendizaje y que ahora van a trasladar a su primer libro. Es todo un honor para mi el poder ayudarlas en este proceso.

Como puedes ver, son muchos los beneficios a los que puedes acceder cuando decidas escribir tu primer libro. Solo tienes que seguir los consejos que recibirás en este y sumar a ello tu proactividad y mayor disposición a convertir estas promesas en una realidad para ti.

Mientras lees el libro, te darás cuenta que **lo único que diferencia a quienes desean publicar un libro y no lo hacen de los que sí lo logran, es la acción y perseverancia**. La acción y perseverancia son elementos comunes entre las personas de éxito y lo mejor de todo es que ambas dependen enteramente de nosotros.

Te invito entonces que sigas acompañándome en este recorrido e inicies el proyecto de escribir tu primer libro, para que con ello ingreses a un selecto grupo de personas en el mundo. Respecto a esto último, hace algunos años leí una estadística que indicaba que solo el 0.4 % de la población norteamericana publicaba un libro al año. En Latinoamérica, el porcentaje es aún más bajo. Es por ello que al escribir un libro elevas mucho el valor comercial de tu marca personal y también tu ventaja competitiva.

En el siguiente capítulo resumiré para ti la ruta que te sugiero seguir para que puedas escribir, publicar, promocionar y monetizar tu primer libro.

CAPÍTULO 2: LA RUTA

«La mala noticia es que el tiempo vuela. La buena noticia es que eres el piloto.»
Michael Altshuler

El recorrido que debes seguir para convertirte en autor es muy sencillo. A fin de facilitarte este proceso lo he sintetizado en cinco fases, más una sexta a modo de bono que se llama Monetiza.

Aquí las tienes:

1. Clarifica el Propósito de tu libro
2. Tu Título & Subtítulo
3. Tu Contenido
4. Publica
5. Promociona
6. Monetiza

En este capítulo le daré una revisión rápida a cada una de las fases. A partir del siguiente capítulo entraré en profundidad en cada una de ellas.

1. Clarifica el Propósito de tu libro.

Clarificarlo es determinante ya que éste te ayudará a identificar qué información compartir en tu contenido, en qué forma presentarla, incluso qué contactos realizar.

En el capítulo destinado a esta fase compartiré contigo las dos preguntas que debes hacerte para poder formular muy buenos objetivos para tu libro. También te enseñaré a identificar a tu avatar, me refiero a la persona que representa tu lector ideal y para quién escribes este libro. Finalmente, te daré algunos criterios para que, en base a tu objetivo, tomes algunas decisiones estratégicas como: el mejor canal para publicar tu libro, en qué formatos, en qué momento hacer la publicación y cómo promocionarlo.

2. Tu Título & Subtítulo

El título y subtítulo de tu libro son uno de los principales medios que tienes para captar la atención de tus potenciales lectores y generar interés en ellos para adquirir tu libro.

En este capítulo compartiré contigo los criterios que personalmente utilizo, tanto para mí como para mis clientes, en la creación de títulos y subtítulos. También compartiré contigo algunas nociones para el diseño de la portada de tu libro, ya que es la portada la primera en llamar la atención hacia tu libro. Entre tantos libros existentes, una buena portada puede marcar la diferencia entre que se acerquen o no a ver tu libro, sea por Internet o de forma presencial.

3. Tu Contenido

Te comento que antes de escribir este libro lancé una encuesta por Internet y la compartí en mis redes sociales a fin de identificar cuáles eran los principales temas que deseaban que incluyera en este libro, pero también que me indiquen qué desafíos enfrentan cuando se trata de escribir un libro. El contenido ha sido uno de los temas más votados en la encuesta.

Sin duda, el contenido tiene un protagonismo especial ya que es a través suyo que podremos compartir nuestros mensajes, historias, experiencias, etc.

En este capítulo te indicaré cuál es la estrategia que utilizo para poder identificar qué contenido compartir y también de qué forma presentarlo, lo cual te llevará finalmente al índice de tu libro. Incluso compartiré contigo algunas estrategias para el trabajo de cada uno de tus capítulos y lograr que tu libro sea de fácil lectura.

Tener claridad respecto el objetivo que tienes para tu libro, así como la estructura sobre la cual presentarás tu contenido, te ayudará muchísimo para poder empezar a redactar. Por ejemplo, recuerdo que mi libro Conviértete en *speaker*, lo escribí en aproximadamente veinte horas, en cuatro días. La razón por la cual me tomó tan poco tiempo, es que tenía claridad absoluta sobre lo que quería compartir en el libro y la estructura me ayudó muchísimo a presentar la informacion. En mi experiencia, contar con la estructura (índice) representa más del 50 % del trabajo, ya que el resto es solo escribir.

4. Publica

De nada sirve que tengas un buen libro o manuscrito si nadie lo puede leer. La publicación de tu libro permitirá a cualquier persona acceder a él, en cualquier parte del mundo.

Antiguamente era muy difícil publicar un libro, pero hoy muy sencillo. Mi invitación para ti es que realices una auto publicación en Amazon. Esto tiene muchos beneficios para ti, uno de los principales es que te da todos los derechos de marketear tu libro como desees, incluso utilizar su contenido como desees, además de darte la posibilidad de generar regalías mucho mayores a las que obtendrías en caso tu libro se publicase en una casa editora tradicional.

En este capítulo aprenderás y conocerás los principales beneficios de realizar una auto publicación, y también el camino que puedes seguir para hacer tu publicación en Amazon.

5. Promociona

Ahora se trata de compartir la noticia de que tu libro está disponible para la compra.

En este capítulo te enseñaré cómo usar las redes sociales para promocionar tu libro y para llegar a potenciales compradores.

También te sugeriré cómo utilizar tu correo electrónico, el WhatsApp e incluso, cómo utilizar los videos para ello.

7. Monetiza

Aquí descubrirás como capitalizar al máximo tu libro. Comentaré contigo cinco formas en las que puedes monetizarlo.

Te invito entonces a que trabajes el libro en orden y que apliques inmediatamente lo propuesto en cada capítulo.

Me afanado en compartir información que personalmente he podido comprobar y que funciona. Sigue los consejos ofrecidos en estos capítulos y te prometo que estarás en capacidad de escribir, publicar y promocionar tu libro con éxito.

CAPÍTULO 3: CUÍDATE DE ESTO

«El cambio es difícil al principio, confuso a la mitad y precioso al final.»
Robin Sharma

Antes de explicarte en detalle cada una de las fases en la ruta que personalmente utilizo y que te propongo seguir para escribir tu libro, quiero dedicar un tiempo a desmitificar los pensamientos y excusas que pueden impedirte dar este gran paso.

Como ya debes saber, los seres humanos vivimos buena parte de nuestros días en modo automático. Hemos diseñado, consciente o inconscientemente, una serie de creencias que nos ayudan a tomar decisiones en milisegundos. Esto es bueno ya que si tuviéramos que detenernos a pensar antes de realizar cada una de nuestras acciones, no podríamos avanzar en nuestro quehacer diario.

Lo único malo de esto es que podemos haberle dado cabida también a creencias limitantes, que restringen nuestra visión y nos impiden tomar acción en temas que pueden transformar positivamente nuestra vida, como, por ejemplo, escribir tu primer libro.

Al igual que mis libros anteriores, he preparado este libro en base a una investigación de mercado; nada sofisticado. Preparé una encuesta virtual con el fin de identificar cuáles eran los temas de mayor interés para los futuros lectores de este libro, pero también consulté cuáles eran los principales desafíos o barreras que enfrentan a la hora de escribir su primer libro. Esas barreras son las que representan las creencias limitantes de las que te estuve comentando hace un momento.

Estoy escribiendo este capítulo para ayudarte a cuestionar esas creencias, para ampliar tu campo de visión y empoderarte, de modo que cuando se trate de aplicar el sistema que te sugiero seguir para escribir tu libro, puedas lograrlo.

MARCEL VERAND

Los desafíos o barreras que más repeticiones tuvieron son:

1. No tengo tiempo
2. No cuento con los recursos económicos o financiación
3. ¿Y si mi libro no es bien recibido? / la crítica
4. No sé redactar muy bien
5. No sé cómo hacerlo, no sé cómo empezar

No tengo tiempo

De lejos, esta es la principal excusa que aparece en los resultados mi encuesta.

Debido al tipo de asesorías que ofrezco, muchos de mis clientes suelen ocupar alta posiciones directivas o son empresarios, y realmente el tiempo es un recurso escaso para ellos. Pero no es necesario ser empresario o un alto directivo para tener la sensación que el tiempo no nos alcanza.

Sin duda el tiempo es un recurso insuficiente, pero puedes aprender a gestionarlo a aprendiendo a gestionar tus prioridades. Existe infinidad de información disponible y gratuita que comparte buenas prácticas para la administración del tiempo. Te invito a que ingreses a internet y realices algunas búsquedas al respecto.

Soy un convencido de que le prestamos atención y tiempo a aquello a lo que le otorgamos valor. Es por ello que promuevo tanto la creación y gestión de una marca personal, para convertirnos en «personas de valor» ante nuestro mercado y con ello atraer mejores oportunidades.

Lo que trato de decirte es que, **si deseas disponer de tiempo para escribir un libro, debes primero conectarte con el valor que este proceso y este libro puede aportarle a tu vida.** Confío en que ya te hayas conectado con ese valor potencial al leer el capítulo: UN LIBRO

PUEDE CAMBIAR TU VIDA, y si aún no lo has hecho, te sugiero que le des una segunda leída a ese capítulo, ya que en él presento casos estrictamente reales de cómo un libro aportó en la vida de diferentes personas. Tal como dije antes, escribir un libro es una de las actividades que mayor sensación de realización personal me ha aportado y también lo hará contigo.

El que te conectes con el impacto que este libro puede tener en tu vida, en la vida de tu familia y en la sociedad también, puede ayudarte a que decidas escribir el libro. Comento esto ya que varias personas también indicaron como barrera el decidirse a escribir.

Una vez que te conectes con este valor, te llenarás de la energía y motivación que necesitas para escribir tu libro. Pero además de la energía, puedes incluir una estrategia que asegure que escribas. Por ejemplo, puedes seguir las prácticas que siguen muchos grandes autores que planifican un horario y tiempo para escribir todos los días. En mi caso, he dedicado dos horas diarias a este libro y procuraba que sean a primera hora, ya que en ese horario tengo mucha lucidez, además, el iniciar mi día escribiendo me pone de muy buen ánimo. Elije entonces un horario en el que tengas acceso a tu mayor energía física y mental posibles. También te sugiero elegir un ambiente que sea agradable para ti. Ahora, además de fijarte un horario y tiempo para escribir, también te sugiero que te pongas como objetivo escribir mínimo unas 1 000 palabras cada día. Si mantienes este objetivo, en un mes tendrías 30 000 palabras, suficiente para contar con un libro de unas 80 a 140 páginas como los míos.

Si eres de las personas que piensa que no tiene una hora diaria para dedicarse a escribir, te pregunto: ¿cuánto tiempo le dedicas a ver tus redes sociales o incluso televisión? Creo que me dejo entender bien.

Ahora, si tienes dificultades para redactar, no te preocupes, te daré un poderoso consejo para ello cuando trate ese punto.

No cuento con los recursos económicos o financiación

Aquí la creencia sería: se necesita mucho dinero para escribir y publicar un libro.

Con mucha alegría te comento que no es así. Ahora tienes la opción de realizar una auto publicación en Amazon, tanto en versión física como en versión digital. Amazon no te cobra por hacerlo. Lo único que necesitas es el contenido adaptado al formato que solicita Amazon. Inclusive, ni siquiera necesitas invertir en mandar a diseñar una portada. Amazon cuenta con muchas plantillas y modelos que puedes tomar para diseñar la portada de tu libro. Lo único que tendrías que invertir es tiempo en escribirlo, elegir un gran título y subtítulo, escribir una buena reseña de tu libro y luego hacer el diseño directamente desde Amazon.

Ahora, sí hay un gasto en el que puedes incurrir para asegurar la calidad del contenido de tu libro y me refiero a que contrates los servicios de un **corrector de estilo**. Son profesionales, expertos en el uso del lenguaje, que se encargan de revisar tu redacción, la coherencia en cada capítulo y en todo el libro, además de la ortografía; su labor consiste en ayudarte a que tu libro sea fácil de leer y entretenido. A fin de que conozcas un poco más sobre la labor de los correctores de estilo, estoy agregando al final de este libro una entrevista a Sandra Camacho, una correctora de estilo que suelo recomendar a mis clientes y que ha participado en la corrección de este libro.

La posibilidad de lanzar y ofrecer tu libro en versión digital es gratuita y muy adecuada para quienes quieren evitar el consumo de papel. Al hacer tu publicación en Amazon, las personas pueden comprar la versión digital y leerlo desde cualquier dispositivo a través del aplicativo KINDLE. En este corto video comento sobre Kindle: **http://bit.ly/ConoceKindleAmazon.** Pero Amazon también te permite vender copias físicas de tu libro; como autor, tienes acceso a un valor por unidad super accesible. Lo único que debes considerar es que, dependiendo de tu ubicación geográfica, tendrías que pagar el envío desde USA a tu país. Te comento esto porque no es necesario que inviertas en imprimir cientos de copias en una editorial. Una vez que publicas en Amazon, puedes comprar desde una copia hasta 999, y pagas el mismo valor unitario por cada una. Lo mejor de todo, es que tampoco tienes que invertir en un almacén para guardar tus libros. Personalmente, cada vez que publico un libro, hago traer de veinte en veinte unidades. Utilizo esas copias para obsequiárselas a potenciales clientes o a clientes que adquieren mis servicios de asesoría personal.

Si te interesa contar con una financiación, sí es posible que la consigas, solo debes identificar qué instituciones, empresas o personas pueden beneficiarse de la publicación de tu libro y luego hacerles una propuesta. Por ejemplo, si buscas escribir sobre temas de responsabilidad social, podrías obtener financiamiento de empresas que cuentan con una gerencia del área y que, dada su actividad económica, tienen diferentes iniciativas y proyectos relacionados a la temática de tu libro.

De modo que ya sabes, no necesitas de dinero para poder escribir y publicar tu libro.

Ahora, si deseas ahorrar tiempo, asegurar el resultado y deseas invertir en todo este proceso, sí puede servirte el contratar los servicios de personas como yo. Si ese es tu caso, al final encontrarás mi información de contacto para que puedas escribirme con las consultas que tengas, con mucho gusto las absolveré para ti.

¿Y si mi libro no es bien recibido? ¿Si tiene malos comentarios?

Si bien este caso es muy poco común, estoy seguro que está en la mente de muchas personas. Incluso, este desafío es equivalente al que causa el miedo escénico para hablar en público. Lo que realmente causa el miedo escénico, en la mayoría de las personas, es el temor a que la audiencia no los acepte, que no les guste la presentación y por lo tanto, vean su autoconfianza vulnerada.

Te adelanto que es imposible gustarles a todos, lo mismo pasará con tu libro. Seguramente habrá quienes lo critiquen o lo cuestionen. Existen muchas personas que solo buscan lo negativo en los demás, que debido a su envidia o egoísmo tratarán de menospreciar tu trabajo. Simplemente no les prestes atención, no la merecen. Algo interesante es que, si encuentras a personas que empiezan a hablar mal de ti o a quejarse de tu libro, en realidad, lo que están demostrando es que eres una persona importante para ellos. Así que puedes tomarlo también como un halago. Te aseguro que es mejor recibir críticas que pasar desapercibido. Te invito a que centres tu atención más bien en aquellas personas que valorarán tu libro y te agradecerán por haberlo escrito.

Para que lo logres te aconsejo que cuando escribas tu libro, lo hagas desde el genuino deseo de aportar valor, de resolver un problema, de ayudar a las personas, a un grupo específico de personas (ya que debes definir muy bien quién será tu lector ideal). Cuando escribas tu libro desde esta mentalidad, te aseguro que tu libro les gustará a muchas personas, ya que les dará la información, los casos y la experiencia que necesitan para resolver algún problema importante para ellos. Cuando estas personas encuentren tu libro y lo lean, muchas se animarán a escribirte para agradecértelo.

Si no sabes cómo presentar la información de modo que agregue valor, no te preocupes, yo te enseñaré cómo hacerlo en el capítulo: TU CONTENIDO.

Muchas ideas, muchas personas que con el tiempo se hicieron muy famosas, no fueron aceptadas o valoradas al principio. De modo que no le prestes demasiada atención a las críticas.

Ahora, sí te recomiendo que en caso tengas críticas, verifiques dos cosas. La primera es que si son demasiadas en relación a la cantidad de comentarios que recibes sobre tu libro; si el 90% de los comentarios que recibes son críticas, entonces sí es importante que verifiques qué es lo que están diciendo. La segunda es que, si recibes un porcentaje bajo de críticas, pero todas estas críticas mencionan lo mismo, entonces tómalas como retroalimentación y haz las mejoras que necesites en tu libro. La retroalimentación es un poderoso aliado para el desarrollo y la mejora de tus libros. Recuerda que escribir, al igual que hablar, requieren de práctica y mientras más lo hagas, mejor te volverás.

No se redactar muy bien

La creencia limitante sería: es necesario ser muy bueno redactando para poder escribir un libro.

La buena noticia es que no necesitas redactar bien. Algunos correctores de estilos también pueden encargarse de realizar la redacción por ti ejerciendo como escritores fantasmas. Lo que sí es importante es que el contenido sea tuyo.

Una de las cosas que hago con mis clientes que tienen muy poco tiempo o realmente no desean escribir directamente el libro es entrevistarlos. En base a clarificar muy bien cuál es el objetivo de su libro, puedo ayudarlos a identificar el mejor contenido a compartir y también la forma de compartirlo. Esto me permite crear preguntas que realmente rescaten el mayor valor y conocimiento de mis clientes respecto a cada uno de los capítulos del libro. Luego, mando transcribir las grabaciones y envío ese material a un «escritor fantasma» para que realice la redacción del libro. Aquí la clave está en la formulación de las preguntas, ya que la calidad de la pregunta determina la calidad de la respuesta. Este proceso me permite obtener información muy valiosa de mis clientes y luego trasladarla a su libro. Tal como te dije, las preguntas y tipo de entrevistas que realizo a estos clientes varía mucho según el objetivo que hayamos trabajado para el libro. La ventaja de este proceso es que me permite tener el libro escrito y completo en poco más de un mes; lo mejor de todo es que solo demanda unas seis a ocho horas de entrevistas que puedo realizar en unos tres o cuatro días.

Comparto contigo esta estrategia ya que puedes aplicarla en ti si tienes mucha más facilidad para hablar que para escribir. Hazte una entrevista, identifica las mejores preguntas que puedas hacerte y empieza a grabar las respuestas, luego entrega la grabación a un corrector de estilo para que haga la redacción por ti. Lo que sí es importante que tengas muy claro el objetivo y mensaje del libro, así como al tipo de lector al que deseas llegar.

Así que ya sabes, no necesitas saber escribir o redactar bien para poder tener la autoría de un libro.

MARCEL VERAND

No sé cómo hacerlo, no sé cómo empezar

Tengo una buena noticia para ti. Este libro te enseñará cómo empezar y cómo terminar. El sistema que compartiré contigo es el que personalmente utilizo y también el que enseño a mis clientes para que puedan escribir sus libros. Solo debes seguir las instrucciones que recibirás en los siguientes capítulos.

Bien, en este capítulo he presentado información que te ayudará a ahuyentar algunos de los principales pensamientos que pueden atarte de manos e impedirte darle vida al gran libro que llevas dentro. Tal como te indiqué al principio, de nada sirve que comparta contigo la fórmula para escribir tu libro si no la aplicas. Ahora ya estás listo para aprender el camino y la estrategia que comparto con mis clientes para la escritura de sus libros, que son los mismos que uso en los míos.

En el siguiente capítulo compartiré contigo la base de todo, la piedra angular sobre la cual podrás construir un libro consistente, efectivo y atractivo.

CAPÍTULO 4: CLARIFICA EL PROPÓSITO DE TU LIBRO

«La mejor manera de predecir el futuro es inventarlo».
Alan Kay

En este capítulo compartiré contigo las dos preguntas que debes hacerte para poder formular muy buenos objetivos para tu libro. También te enseñaré a identificar a tu avatar, me refiero a la persona que representa tu lector ideal y para quién escribes este libro.

«Todos los caminos llevan a Roma». He escuchado esa frase tantas veces y, desde cierto punto de vista, puede ser cierto, pero sin lugar a dudas algunos caminos son más directos que otros. **El camino más directo que he encontrado para poder escribir, publicar y promocionar un libro en tiempo récord reside en tener claridad absoluta sobre lo que quiero conseguir con el libro, a quién se dirige y también qué es lo que quiero comunicar o compartir.** De eso trata este capítulo.

Aristóteles dijo, «el primer paso representa más de la mitad del camino». En este caso, te diría que «contar con un objetivo claro para tu libro representa más de la mitad del camino hacia su escritura y publicación».

Ahora compartiré contigo cómo es que formulo los objetivos para mis libros y también cómo ayudo a mis clientes a formular los suyos.

Hay dos preguntas iniciales que debes hacerte antes de escribir un libro, desde el punto de vista comercial:

- ✓ ¿Qué mensaje/servicio/producto deseo promover/vender gracias a este libro?
- ✓ ¿A quién debo dirigir mi libro?

Estas preguntas son vitales ya que te ayudarán a clarificar qué contenido compartir y cómo compartirlo. Ten presente que la segunda pregunta depende mucho de la primera. Te explico.

Pero primero vayamos a la primera pregunta:

¿Qué mensaje/servicio/producto deseo promover/vender gracias a este libro?

Ya te he comentado que este libro está dirigido principalmente a empresarios, profesionales independientes, directivos y personas que trabajan en relación de dependencia que deseen algunas de estas cosas:

- ✓ Servicios de mentoría
- ✓ Programas de coaching
- ✓ Programas de entrenamiento
- ✓ Productos de alto valor (high tickets)
- ✓ Servicios profesionales
- ✓ Info productos
- ✓ Eventos
- ✓ Certificaciones
- ✓ Franquicias
- ✓ Etc.

Si te fijas en estos puntos he presentado diferentes productos o servicios que puedes promover gracias a tu libro. Tu primer libro puede servir como un poderoso generador de potenciales clientes, por tanto es bueno que tengas claro lo que deseas promover.

Responder a esta pregunta, tiene que ayudarte a conectarte con tus prioridades personales, profesionales o empresariales.

En mi libro **Conviértete en una marca de lujo,** comparto la historia de cómo logré cambiar de actividad laboral y pasar de trabajar muchos años en el campo de la consultoría en recursos humanos a trabajar en el campo de marketing, comunicación y publicidad. Algo importante por mencionar es que el desafío que tenía frente a mí era que no tenía mayor experiencia, contactos y demanda del tipo de servicios que deseaba ofrecer. Dentro ese contexto armé un plan de posicionamiento y este plan incluía escribir mi primer libro.

Efectivamente, mi primer libro llamado **Potencia tu empleabilidad**, tuvo por objetivo ayudarme a ganar posicionamiento en el campo del *personal branding*, conseguirme oportunidades para dar conferencias e incluso clientes para mis asesorías en gestión de la marca personal. Por otro lado, necesitaba que el libro se convirtiese en una credencial sobre mi capacidad profesional. Debo confesar que cuando escribí ese libro no tenía mayor experiencia en ello, aunque sí había investigado mucho sobre el tema, por lo que demoré un poco en darle vida. Pero el proceso de escribirlo fue realmente enriquecedor. No puedes imaginar la gran alegría que tuve cuando pude verlo publicado en Amazon, cuando pude tener una copia física en mis manos y cuando en alguna maestría que dicté, la escuela de postgrado compró una copia de mi libro directamente en Amazon para cada uno de los alumnos inscritos.

Tener claro el propósito de tu libro te ayudará a fijarte también objetivos relacionados al impacto que deseas que este libro tenga en tu vida y trabajo. Tal vez tienes un sistema o metodología y deseas vender certificaciones de dicho sistema; tu primer libro puede servirte para ello. Tal vez deseas elevar tu visibilidad en tu mercado y obtener mejores oportunidades laborales, ascender o ser contratado en una empresa de tu interés. Tal vez deseas generar un ingreso pasivo a través de trasladar tu conocimiento y experiencia a cursos digitales. Tal vez eres un profesional independiente y deseas elevar la demanda de tus asesorías o servicios profesionales. Tal vez deseas mejorar mucho el nivel de tu red de contactos profesional y tener acceso a posiciones muy importantes en empresas clave para tu negocio.

MARCEL VERAND

Clarifica bien qué es lo que deseas lograr con el libro, redáctalo y con ello a la vista responde la segunda pregunta:

¿A quién debo dirigir mi libro?

Como comprenderás, el logro del propósito del libro dependerá de otras personas; clarifica bien quiénes son estas personas y sobre todo de qué modo pueden ayudarte en el objetivo que te planteas.

Por ejemplo, el objetivo que tuve con mi primer libro, en el año 2017, fue empezar a ganar visibilidad y posicionamiento como referente en el campo del *personal branding*. En ese momento, en el Perú el concepto de marca personal era novedoso y poco conocido; la mayoría de las personas lo relacionaban al mundo de la empleabilidad y *outplacement*. Es por ello que el público al que originalmente dirigí este libro estuvo conformado por profesionales cursando una maestría y con interés en mejorar sus condiciones laborales. Parte del público al cual dirigí también este libro estuvo conformado por directores académicos o personas vinculadas a la gestión de la red alumni de las universidades y escuelas de postgrado, ya que tenía mucho interés en poder dar conferencias en estas instituciones para poder ganar aún más visibilidad, pero también para poder difundir sobre este tema y eventualmente generar más demanda de mis servicios.

Ahora, los objetivos que tuve para mis siguientes libros fueron principalmente generar demanda de mis servicios de asesoría y cursos digitales. Con el libro que estás leyendo estoy completando una colección llamada **Monetiza tu potencial**. Cada uno de estos libros representaban la base de las asesorías que ofrecía:

- ✓ Conviértete en una Marca de Lujo
- ✓ Conviértete en Autor

- ✓ Conviértete en Asesor
- ✓ Conviértete en Speaker

Ahora sólo me dedico a la asesoría en la escritura y publicación de libros, sin embargo estos temas sirven muy bien de complemento a esta actividad.

Ahora compartiré contigo cuál es la forma en la que identifico a los lectores que deseo tener para mis libros.

Lo primero que hago es pensar en mi cliente ideal, en la persona con la que quisiera trabajar, en la persona que puede sacar el mayor beneficio del conocimiento y experiencia que compartiré a través del libro. Este cliente ideal puede ser hombre o mujer y tiene una serie de características. Tiene determinados valores personales, un gran respeto por las personas, son personas que invierten en su desarrollo y no quieren las cosas gratis, son personas que buscan aportar valor al mundo y dejar una huella positiva, etc. Identifico la mayor cantidad de detalles posibles para poder visualizar lo mejor posible a esta persona. Todo esto me sirve ya que me permite conectarme con emociones muy positivas y, desde ese estado emocional, empezar a escribir. Esto es super poderoso para mí ya que cuando logro conectarme con esta persona, mi redacción se vuelve muy fluida, suelo entrar en *"flow"* y empiezo a escribir sin detenerme, como si me estuvieran dictando todo. Lo mejor es que las palabras, ejemplos e ideas aparecen como por inspiración. Y cuando estoy escribiendo en este estado, siento un gran placer y felicidad.

En este planeta existe todo tipo de personas. Existen aquellas que buscarán lo malo y negativo a cada cosa que aportes, pero también existen aquellas que lo valorarán, lo agradecerá y lo reconocerán. Está en ti el determinar con qué personas conectarte. Tu libro tendrá tu energía, en cierta forma será una extensión tuya, por lo tanto, asegúrate de que tu libro se lleve lo mejor de ti y, una forma de lograrlo, es conectándote con el lector ideal.

Respecto a tu lector ideal, es muy importante que te tomes un tiempo en reconocerlo, en identificarlo y en buscar información relevante sobre él o ella. Considera esto como una pequeña investigación de mercado. Es importante que también identifiques qué es lo que desea y qué necesidades tiene en relación a lo que aportarás desde tu libro. En otras palabras, tu libro debe resolver su principal problema y conectarlo con su mayor deseo.

Si ya respondiste a estas preguntas, hay algunas cosas más que debes evaluar en esta fase.

Según el objetivo que te plantees y a quién vas a dirigirte, es bueno que determines cuál será el mejor canal para publicar tu libro y en qué formato o formatos. Mi recomendación será que realices una auto publicación ya que tiene muchas ventajas y la principal es que tendrás mayor independencia para el uso del contenido de tu libro. Aunque también tienes la posibilidad de buscar el financiamiento e incluso la publicación de tu libro con una editorial tradicional. Respecto a los formatos, hoy es posible publicar un libro en versión digital, versión física y también en formato de audio. Todo esto lo conversaremos en el capítulo PUBLICA.

En base a tu objetivo también debes determinar cuál es el mejor momento para realizar el lanzamiento de tu libro. En algunos casos puede ser conveniente que realices una pre publicación y que lances tu libro incluso antes de finalizarlo. Desde un punto de vista comercial, sobre todo para la venta de servicios y asesorías, esta es una muy buena alternativa. También deberás determinar si puedes aprovechar alguna fecha en especial para lanzarlo o algún evento de importancia. Los lanzamientos suelen tener más éxito cuando se vinculan a un motivo. Por ejemplo, tengo una cliente que lanzó su libro el 14 de febrero, aprovechando el significado del día e invitando a las mujeres a que se hagan ese regalo. En mi caso, estoy eligiendo un viaje que haré a Bogotá para hacer el lanzamiento de este libro e incluso, ya sé dónde será el lanzamiento, será en el local de Uniandinos (Asociación de Egresados de la Universidad de los Andes).

Según tu objetivo y el tipo de audiencia a la cual te diriges, podrás identificar cuál es el mejor medio para promocionarlo, si hacerlo a través de las redes sociales, a través de contactos, vía email, a través de lanzamientos formales, a través de conferencias, etc.

Finalizo este capítulo recordándote las dos preguntas que debes responder para poder clarificar el objetivo de tu libro:

1. ¿Qué mensaje/servicio/producto deseo promover/vender gracias a este libro?
2. ¿A quién debo dirigir mi libro?

Ahora te toca responder a estas preguntas. Busca un lugar tranquilo, sin interrupciones. A mí me sirve mucho ir a lugares donde hay campo y verde, me inspiran mucho. Invierte el tiempo que sea necesario. Recuerda la importancia que esta fase tiene en el proyecto de escribir tu primer libro.

En el siguiente capítulo te ayudaré a identificar el mejor título y subtítulo para tu libro. Ten presente que esto puede marcar la diferencia entre que se interesen por explorar tu libro y luego lo compren o que lo vean y ni se acerquen a ver de qué se trata.

CAPÍTULO 5: TU TÍTULO & SUBTÍTULO

«Nada es más práctico que una buena teoría.»
Kurt Lewin

En este capítulo compartiré contigo los criterios que personalmente utilizo, tanto para mí como para mis clientes, en la creación de títulos y subtítulos. También compartiré contigo algunas nociones para el diseño de la portada de tu libro, ya que es la portada la primera en llamar la atención de tu libro.

Paradójicamente, este capítulo será uno de los más cortos del libro y sin embargo, uno de los más importantes. Esto es debido a que una elección inadecuada del título y subtítulo de tu libro puede traducirse en que muy poca gente se interese en adquirirlo y leerlo.

Al principio del libro indiqué que este libro está diseñado para aquellos que ya tienen un tema sobre el cual desean escribir, así es que basándome en esta premisa, te pregunto:

¿Cuál es el principal problema que tu libro solucionará a tu lector ideal?

Te hago esta pregunta porque finalmente quien compre tu libro buscará en él la solución a algún problema específico o lo verá como un medio para acercarse a lo que más desea. En ese sentido tu libro se convierte en una promesa y tus lectores tendrán una expectativa sobre él.

Menciono todo esto ya que **mi principal sugerencia para ti es que tu título y subtítulo expliciten el valor de tu libro, así como la promesa que representa para tus lectores.**

Posiblemente estés tentado de colocar un título ingenioso, pero te invito a que no lo hagas. No se trata de demostrar cuán inteligentes somos, ni lograr que nuestros potenciales lectores se tomen varios minutos tratando de interpretar el significado de nuestros títulos.

Tanto el título como el subtítulo deben complementarse e incluir las palabras clave que sirvan tanto para que tu libro aparezca en los buscadores, así como para que tus potenciales lectores sepan que contiene la información que necesitan.

Dicho esto, uno de los consejos que te doy es que identifiques varios libros que sean *best sellers*, idealmente sobre el tema sobre el cual deseas escribir y revises sus títulos y subtítulos. ¿Qué palabras clave utilizan? ¿Cómo los han redactado?

Un buen ejemplo de un libro que es muy explícito en su título es el de Stephen Covey:

TÍTULO: **Los 7 hábitos de la gente altamente efectiva**
SUBTÍTULO: Lecciones poderosas para el cambio personal

Ese título es muy explícito sobre el tema y contenido del libro.

Otro libro directo es el de Dale Carnegie:
TÍTULO: **Cómo ganar amigos e influir sobre las personas**

Si compras ese libro sabes perfectamente para qué te sirve, qué problema es el que soluciona y cuál es el principal beneficio que te ofrece.

Volviendo a mi sugerencia de revisar libros muy vendidos sobre tu temática, identifica qué títulos y subtítulos utilizan y empieza a realizar una lluvia de ideas sobre posibles títulos y subtítulos para tu libro.

Los títulos y subtítulos que utilizo en cada uno de mis libros buscan ser lo más explícito sobre el valor que mis libros ofrecen. Aquí los tienes como referencia:

POTENCIA TU EMPLEABILIDAD: *Construye una sólida y vendedora marca personal y asegura tu visibilidad ante las personas clave.*

CONVIÉRTETE EN UNA MARCA DE LUJO Y MONETIZA TU POTENCIAL: *Gana la credibilidad y el posicionamiento que necesitas para atraer las oportunidades comerciales, laborales y económicas que mereces.*

CONVIÉRTETE EN SPEAKER Y MONETIZA TU POTENCIAL: *Todo lo que necesitas saber para convertirte en conferencista profesional, hacer crecer tu negocio, posicionarte como líder influyente y obtener oportunidades para hablar en público.*

Mientras escribo los títulos y subtítulos, no puedo evitar reírme un poco ya que veo que los subtítulos han ido creciendo con el fin de explicitar más a quién están dirigidos y qué beneficios pueden esperar al leerlos.

El título del libro que estás leyendo ahora es:
CONVIÉRTETE EN AUTOR Y MONETIZA TU POTENCIAL: *Escribe, publica, promociona exitosamente tu primer libro en Amazon y eleva la demanda de tus productos o servicios.*

Una sugerencia final es que trates que tu título no sea tan extenso; si bien no es un requisito indispensable, te permite usar letras más grandes en la portada y con ello atraer, a la distancia, la atención de tus potenciales lectores.

Respecto a la portada, te diré que es muy recomendable que inviertas en un buen diseño. Aunque mucha gente diga que no debe juzgarse un libro por la portada, lo hacemos. Una mala portada puede alejar a potenciales lectores. Existen muchos profesionales del diseño que puedes contratar para tu portada. Por otro lado, puedes crear una cuenta gratuita en **http://bit.ly/cuentafiverr** y buscar diseñadores ahí. Personalmente hago todos mis diseños en esa plataforma. El valor de inversión es variado, pero puedes encontrar opciones muy económicas desde USD 20 por portada. Mi sugerencia es que inviertas desde USD 100 o más, de ese modo asegurarás un buen nivel de diseño.

Busca un diseñador que tenga experiencia realizando diseños de portada de libros y, además, es importante que hagas un trabajo previo en determinar cuál es el impacto que deseas que tu portada tenga en tu lector. Finalmente, lo que debes buscar es que tu portada pueda expresar del mejor modo posible la promesa de tu libro, lo que has indicado en tu título y subtítulo.

Dependiendo del tema de tu libro o de tus objetivos comerciales, podrías incluir una buena fotografía tuya en la portada. Es una buena forma de darte visibilidad. Muchos autores lo hacen. En caso no lo hagas, sí te sugiero que agregues tu foto en el diseño de la contra portada junto con una pequeña biografía.

Finalmente es recomendable que recopiles esta información antes de solicitar el diseño de tu portada y contra portada:

- El título y subtítulo de tu libro
- El tipo de lector al cual te diriges
- Un resumen del contenido del libro y su principal promesa
- Una buena fotografía tuya
- Logotipo de tu marca personal o de tu empresa (en caso desees incluirlo)
- Un resumen del libro o un texto que venda tu libro (para la contra portada)
- Un párrafo con tu biografía
- Datos de contacto o redes sociales (en caso te interese)
- Colores deseados (en caso tengas alguna preferencia)
- Imágenes de otras portadas que sirvan como referencia para el diseño de la tuya
- La cantidad de páginas finales que tendrá tu libro físico (ya con el trabajo de diagramación)

Esta información junto con la explicación de qué es lo que quieres transmitir con tu portada es muy importante.

Necesitarás el diseño completo de tu portada y contraportada si deseas poder imprimir tu libro y tener copias físicas. En caso solo desees realizar una publicación digital de tu libro, bastará con el diseño de la portada.

Muy bien, en este capítulo te he dado la información que necesitas para redactar un título y subtítulo poderoso, así como la información y criterios a tener en cuenta para el diseño de tu portada y contra portada. Recuerda siempre la importancia que tienen para poder captar la atención e interés de tus potenciales lectores.

A modo de resumen, te recuerdo que tu título y subtítulo deben explicitar lo mejor posible la promesa de tu libro, el principal beneficio que ofreces para tus lectores. Por otro lado, tu portada debe poder expresar en imágenes lo mejor posible la promesa de tu libro.

El siguiente capítulo soluciona uno de las mayores preocupaciones de quienes desean escribir un libro ya que te enseñará cómo identificar el contenido para tu libro, cómo estructurarlo en un índice y finalmente, cómo presentar cada capítulo.

CAPÍTULO 6: TU CONTENIDO

«Muchos de nuestros sueños al principio parecen imposibles, luego parecen improbables, y luego, cuando agregamos la voluntad, pronto se vuelven inevitables.»
Christopher Reeve

En este capítulo te indicaré cuál es la estrategia que utilizo para poder identificar qué contenido compartir y también de qué forma presentarlo, lo cual te llevará finalmente al índice de tu libro. Incluso compartiré contigo algunas estrategias en el trabajo de cada uno de tus capítulos para lograr que tu libro sea de fácil lectura.

Identifica cuál será el contenido de tu libro

¿Cómo puedo saber qué contenido es el que debo incluir en mi libro? ¿Cómo debo presentar o estructurar el contenido de mi libro? Son preguntas que he recibido una y otra vez en el tiempo que tengo asesorando en la escritura y publicación de libros. Identificar y redactar el contenido suele representar el mayor desafío para quien desea escribir un libro por primera vez.

Pronto te darás cuenta que no es tan difícil como parece.

Dado que estoy escribiendo este libro asumiendo que ya sabes cuál es el tema sobre el que vas a escribir, voy a centrar mis consejos en cómo identificar el contenido que debes compartir y de qué forma hacerlo.

Este es un buen momento para volver a mencionar que el objetivo de este libro es ayudar a profesionales y empresarios a publicar libros que los ayude en su negocio, de modo que los consejos que aquí te daré no están orientados a redactar novelas, cuentos o poemas.

Por cierto, otras de las preguntas que suelen hacerme son: *¿cuántas hojas debe tener mi libro? ¿cuántas palabras debo escribir en total?*

Respecto a esto, existe una estadística que indica que libros de menos de 80 páginas tiene un 70 % más de probabilidades de ser leídos, libros con más de 200 páginas tiene menos del 30 % de probabilidades de ser leídos. Considerando esto, siempre recomiendo a mis clientes que se pongan de objetivo publicar libros de unas 100 páginas en promedio. Incluso, si tienen contenido como para un libro de 300 o 400 páginas, les recomiendo que mejor publiquen tres o cuatro libros. Pero al margen de la cantidad de palabras, lo más importante es que tu libro agregue valor y sobre todo cumpla con su propósito, con el objetivo bajo el cual lo escribiste.

La estrategia que personalmente utilizo para escribir el contenido de mis libros, incluso de mis discursos, es la misma que recomiendo utilizar a mis clientes y consiste en seguir los siguientes pasos:

1. **Clarifico cuál es el objetivo que tengo con el libro a nivel de los lectores.** En otras palabras, me hago la pregunta: ¿qué es lo que deseo que los lectores hagan con la información recibida en el libro? o ¿en capacidad de qué estarán mis lectores al leer mi libro? Por ejemplo, para escribir este libro el objetivo que tengo es sencillo:

   ✓ Mis lectores estarán en capacidad de escribir, publicar y promocionar su primer libro.

2. **Luego me pregunto: ¿qué es lo que mis lectores deben conocer y saber hacer para poder lograr este objetivo?** En el caso de este libro son varias preguntas:

   ✓ ¿Qué es lo que deben conocer y saber hacer para poder <u>escribir</u> su primer libro?
   ✓ ¿Qué es lo que deben conocer y saber hacer para poder <u>publicar</u> su primer libro?
   ✓ ¿Qué es lo que deben conocer y saber hacer para poder <u>promocionar</u> su primer libro?

   Responder estas preguntas me ayuda a identificar el potencial contenido que puede tener mi libro; suelo anotar estos temas a modo de «lluvia de ideas» en unos cuantos papeles, aunque podría hacerlo también utilizando el *post it*, de modo que pueda moverlos con facilidad.

3. **A continuación, me pregunto: una vez que cuenten con toda la información necesaria, ¿qué puede impedir a mis lectores aplicarla?** Esta pregunta es muy importante ya que me ayuda a encontrar contenido que también debo tratar para ayudar al cumplimiento de mi objetivo. Esta nueva información la agrego a mi lista original o la incluyo en nuevos *posts its*.

4. **Luego filtro el contenido importante e indispensable.** Si te fijas, al responder las preguntas dos y tres habrás accedido a mucho contenido. Necesitas separar la información importante de la no importante, sobre todo porque nos interesa mantener un libro de alrededor de 100 páginas. Una forma de lograrlo es a través de la pregunta: ¿qué información es indispensable y mínimamente necesaria que necesita para estar en capacidad de cumplir con el objetivo del libro? Lo importante es que con la información que comparta, los lectores estén realmente en capacidad de cumplir con el objetivo del libro. Volviendo a nuestro ejemplo del libro, para cumplir con el objetivo que planteo, debo trabajar los temas pensando más en cómo aplicarlos. Es así que los temas que finalmente surgieron fueron: cómo definir un objetivo para el libro, cómo identificar al avatar o lector ideal, cómo redactar el título y subtítulo, cómo identificar el contenido, cómo preparar el índice, cómo publicar el libro, cómo promocionarlo, cómo monetizarlo, pero también decidí incluir un capítulo dedicado a desmitificar creencias que muchos tenemos y que nos impiden escribir un libro.

5. **Finalmente me hago la pregunta: ¿en qué orden debo presentar la información para que los lectores vayan ganando información y también confianza en el contenido para que lo puedan aplicar?** Esta última pregunta es la que te permitirá crear el índice.

El índice de tu libro

La estrategia que personalmente utilizo para crear el índice la aprendí cuando participé de una certificación de *coaching*. En el proceso de *coaching* que trabajamos, llevamos a nuestro cliente desde el resultado final que deseaba obtener hasta la situación actual. Juntos identificábamos los diferentes hitos que debía alcanzar desde su situación actual hasta su situación deseada, pero partiendo del final.

Si trasladamos este proceso a la creación de tu índice, encontrarás que cada uno de los hitos estaría relacionado a un capítulo. Lo mejor de realizar este método es que te permite ver cosas que muy posiblemente no habrías identificado si hubieras intentado preparar tu índice partiendo de tu situación actual.

Este proceso me sirvió muy bien para poder preparar el índice de este libro y mis libros anteriores.

Comencé por situarme al final, en la promesa de mi libro hecha realidad. Imaginemos que decidí llamar a mi avatar Martha. Entonces el proceso sería así.

Martha ya logró escribir, publicar, promover y actualmente disfruta de las ventas y de cómo haber escrito este libro; ha impactado en su vida, en su negocio y en la vida de sus clientes.

Entonces me hice la pregunta:

¿Qué logro le permitió a Martha llegar a esta situación?

Respuesta: El haber encontrado diferentes formas de promover y vender y capitalizar sus libros. Esto me llevó a los capítulos:

- ✓ Monetiza
- ✓ Promover.

Luego me pregunté:

¿Qué logro le permitió a Martha estar en capacidad de promover sus libros?

Respuesta: El haber publicado su libro. Esto me llevó al capítulo:

- ✓ Publica

A continuación, me pregunté:

¿Qué logro le permitió a Martha estar en capacidad de publicar su libro?

Respuesta: El haber escrito el libro. Esto me llevó a los capítulos de:

- ✓ Contenido
- ✓ Título & Subtítulo
- ✓ Objetivo del libro.

Solo siguiendo esos capítulos Martha podría escribir, publicar, promover y monetizar su libro, pero a fin de realmente empoderarla y motivarla a tomar acción, decido incluir en este libro algunos recursos adicionales que eliminen posibles obstáculos en el proceso y que al mismo tiempo la motiven a tomar acción. Es por ello que incluyo tres capítulos más:

- ✓ Un libro puede transformar tu vida.
- ✓ Cuídate de esto (las creencias limitantes).
- ✓ Entrevista a expertos (incluye entrevistas a personas que pudieron escribir su primer libro con éxito, pero también otras personas relacionadas al negocio de la publicación de libros, a fin de darle más información que le permita sentir más seguridad en todo el proceso).

También, a fin de darle la confianza de que está en buenas manos, agrego un capítulo más que me permite presentarme, compartir con ella mi motivación por escribir el libro y también demostrarle que he recorrido ya este camino, que he ayudado a otras personas y que realmente estoy en capacidad de guiarla en todo el proceso. Es así que sale el capítulo:

- ✓ Quién soy y para qué escribí este libro

Finalmente, a fin de ayudar a Martha a clarificar que este libro es para ella, agrego un capítulo que explicita a quién está dirigido el libro al que llamo:

- ✓ Quiénes pueden beneficiarse de este libro

Bien, ya cuentas con la información necesaria para que puedas identificar qué contenido compartir y cómo estructurar tu contenido en un índice. Ahora te enseñaré cómo presentar la información en cada capítulo.

Cómo trabajar cada capítulo

Ya has identificado el contenido y ya has identificado el orden en el que lo presentarás (el índice). Ahora te daré algunas sugerencias sobre cómo presentar el contenido en cada capítulo.

Puedes pensar en cada capítulo como si fuera un discurso. Mi sugerencia es que cada uno de tus capítulos cuente con una introducción que capte la atención e interés de tus lectores, con un contenido donde presentas la información relevante y con un cierre que los invite a la acción.

Ahora, si has leído mi libro **Conviértete en *speaker***, recordarás que en uno de los capítulos llamado PREPÁRATE, te enseño cómo preparar un discurso. Si cuentas con ese libro, te sugiero que tomes en cuenta la misma estrategia que en él comparto y la utilices para redactar cada uno de tus capítulos. En caso no lo hayas leído, aquí te dejo contigo un *checklist* con los pasos a seguir para redactar tus capítulos:

1. **Clarifica cuál es el objetivo del capítulo.** Así como clarificaste el objetivo general que te planteas para el lector, es importante que también tengas claridad sobre cómo este capítulo puede aportar valor para el logro del objetivo principal. El objetivo que definas para cada capítulo tiene que estar alineado al objetivo principal del libro. En suma, los objetivos de todos los capítulos deben ayudar al logro del objetivo general.

2. **Identifica cuál es la información que puedes compartir** en este capítulo y que te permita lograr el objetivo del capítulo. Esta información será la que compartirás en el contenido.

3. **Desarrolla una introducción.** ¿De qué forma puedes captar la atención y generar interés en tus lectores respecto al capítulo? Puedes iniciar cada capítulo con una frase célebre que esté relacionada al tema que estás tratando o, también puedes iniciarlo con una pregunta que los lleve a pensar sobre un aspecto interesante o importante en relación al tema y con ello justificar el capítulo o temas que tratarás. También puedes compartir alguna estadística o dato relevante de alguna fuente válida. Algo muy poderoso con lo que puedes iniciar algún capítulo, es una historia, una anécdota o caso que te permita justificar el tema. Si te fijas en este libro, estoy iniciando cada capítulo con una frase célebre y también con un resumen de la información que recibirás en el capítulo además de para qué te servirá. Dado que estoy escribiendo este libro con el fin de que sea utilizado como una guía o fuente de consulta para escribir, me sirve mucho poder iniciar cada capítulo de esa forma.

4. **Desarrolla el contenido.** Esto dependerá mucho del tema de tu libro y del objetivo que te plantees para él. Por ejemplo, en mi caso, mis libros tienen una orientación muy práctica ya que busco empoderar a las personas para que tomen acción en relación a los temas sobre los cuales escribo. Lo que suelo hacer es compartir mucha información sobre el «cómo hacer las cosas», combino esta información con experiencias personales de mis clientes o, con ejemplos que faciliten el entendimiento y aplicación de los conceptos tratados. Algo que no suelo hacer

mucho es demostrar la veracidad de mis afirmaciones o propuestas a través de trabajos de investigación de instituciones o personas relevantes para mi tema. Tampoco suelo utilizar bibliografía para mis libros, si bien he leído bastante sobre los temas sobre los que escribo; evito hacer uso de esos recursos ya que me baso principalmente en mi experiencia, en resultados que he podido comprobar personalmente, además, siempre busco que mis libros sean muy fáciles de leer evitando colocar temas muy técnicos o académicos. En tu caso debes evaluar qué tan importante puede ser el uso o no de este tipo de recursos y fuentes, sobre todo porque pueden servir para darles credibilidad a tu propuesta y a ti. Lo que si te puedo adelantar es que uno de los recursos más poderosos que puedes utilizar es el uso de historias, casos reales y ejemplos. Presenta tu contenido de tal forma que puedas guiar o darle una ruta sencilla de seguir a tu lector para entender tu mensaje y utilizarlo.

5. **Desarrolla el cierre.** Aquí es importante que tengas presente cuál es el objetivo que tenías para el capítulo. Si deseas que tu lector tome acción, entonces en tu cierre debes invitarlo a tomar acción. Si lo que deseabas era transmitir un mensaje, aquí debes cerrar con una reflexión. Si tu objetivo era simplemente darle información, sería bueno que cierres con un buen resumen de lo presentado en el capítulo resaltando los puntos más importantes. Algo que hago en este libro es resumir lo trabajado en el capítulo y luego lo vinculo al capítulo siguiente. En cierta forma lo que hago es crear puentes entre los capítulos y tú también puedes hacer lo mismo.

Existen diferentes estrategias para presentar tu contenido. Lo que puedes hacer es un poco de *benchmarking,* en otras palabras, puedes identificar libros muy similares al que estás escribiendo y ver cómo trabajan cada capítulo; toma distancia y realiza un análisis sobre la forma en la que se presenta la información, identifica si esa forma facilita o no la lectura del capítulo, así mismo trata de identificar cuál es el objetivo del capítulo y si éste facilita el logro de dicho objetivo. Algo que también te sugiero hacer es ponerte en el lugar de tu avatar o lector ideal y preguntarte si el capítulo captó tu atención, mantuvo tu interés y te permitió alcanzar el objetivo que prometía.

Si realizas esta actividad con unos dos o tres libros, idealmente que tengan muy buenas críticas, te conectarás con buenas prácticas e ideas para poder redactar tu contenido.

Muy bien, en este capítulo te he enseñado qué proceso sigo personalmente para escribir mis libros y también he compartido cómo es que estructuro mis libros, en otras palabras, cómo armo el índice de mis libros. Finalmente compartí contigo algunas sugerencias para tratar cada capítulo de modo que capte la atención de tus lectores, mantenga su interés y permita lograr el objetivo que te planteaste para cada uno.

En el siguiente capítulo aprenderás a publicar tu libro en Amazon, de modo que esté disponible para la venta a nivel mundial a través de esta poderosa plataforma.

CAPÍTULO 7: PUBLICA

«Al fin y al cabo, somos lo que hacemos para cambiar lo que somos.»
Eduardo Galeano

En este capítulo aprenderás y conocerás con qué opciones cuentas para la publicación de tu libro y te darás cuenta de lo sencillo que es.

Como bien sabes, estoy escribiendo este libro para motivarte a que escribas el tuyo y lo publiques. Para la publicación, mi recomendación principal es que hagas una auto publicación en Amazon. Son muchos los beneficios a los que accederás por seguir este consejo. Aquí te detallo algunos:

Es gratuito. Amazon no te cobra por publicar tu libro, incluso te ofrece todo un sistema en el cual te puedes apoyar. Un sistema que te permite monitorear las ventas, entre otras estadísticas, para tu publicación.

Tendrás control total sobre el contenido de tu libro. Esto se traduce en que podrás agregar toda la información que desees, inclusive información de tu empresa y servicios si deseas, o la posibilidad de ofrecer a tus lectores un obsequio por suscribirse a tu lista. Información detallada: **http://bit.ly/InformesVtasAmazon**

Tendrás mejores regalías. La auto publicación te permite acceder a regalías interesantes por las ventas de tus libros. Por ejemplo, con Amazon, tienes la posibilidad de recibir el 70 % de regalías sobre el valor de los libros digitales que vendas. Sobre los libros físicos el porcentaje es de 60 %. Con las empresas editoriales tradicionales, el porcentaje que recibes por cada libro suele ser aproximadamente el 15 %. De modo que, si logras hacer una buena promoción de tus libros, físicos o virtuales, podrías tener un ingreso interesante. Información detallada: **http://bit.ly/RegaliasAmazon**

Ahorras tiempo. No tienes que esperar meses para que tu libro esté disponible para la compra. Incluso puedes hacer actualizaciones al contenido cada vez que lo desees, tanto para tus versiones digitales como para tus versiones físicas. Estas actualizaciones incluyen también el cambio o mejoramiento de portada.

No requieres de impresiones mínimas. Respecto a los libros físicos, no necesitas mandar a imprimir una cantidad mínima de copias para poder tener tu libro en versión física. Con Amazon puedes mandar a imprimir desde uno hasta 999 sin problemas a un mismo costo unitario como autor. Si deseas realizar más cantidad tendrías que realizar un pedido más. Información detallada: **http://bit.ly/CopiasAutorAmazon**

No requieres de un depósito para guardar tus libros. Lo mejor de todo es que no necesitas contratar un depósito para tener tus libros. Simplemente envías a imprimir los que necesites. El único inconveniente aquí es el costo por el transporte en el que debes incurrir en caso vivas fuera de USA. Aun así, sale a buen precio ya que muy posiblemente tu libro tenga un costo para ti de entre USD 2.5 y USD 3 por unidad.

Muchos canales de venta. Existen muchos canales de venta para la versión digital de tu libro, incluso existen empresas que se encargan de distribuir tus libros en diferentes canales virtuales; también tienes la posibilidad de que la versión física de tu libro se venda en diferentes países bajo demanda, lo cual implica un costo de envío mucho menor que hacer el pedido a Amazon.

Respecto a los formatos de publicación te recomiendo usar tres formatos: a) versión digital, b) versión física y c) audiolibro. Cada uno de estos formatos tiene sus ventajas. Al publicar tu libro en estos formatos favorecerás a que más personas tengan acceso a tu libro.

La ventaja de los audiolibros es que brinda a las personas muy ocupadas la posibilidad de aprovechar «tiempos perdidos», sea porque se encuentran esperando o movilizándose, sea conduciendo su automóvil o como pasajeros. Por ejemplo, yo uso mucho los audios para capacitarme mientras manejo y sé que estaré en el auto mínimo una media hora. Esta opción es muy buena para las personas auditivas. Lo interesante de esta opción es que tú mismo puedes realizar la grabación de tu libro, solo necesitas un buen micrófono y también saber utilizar tu voz adecuadamente. Información detallada: **http://bit.ly/PublicarAudiolibros**

La ventaja de la versión digital radica en que es una muy buena opción para las personas que buscan evitar el consumo de papel y también que deseen evitar la necesidad de contar con grandes depósitos para sus libros. En un aplicativo de lectura uno puede tener cientos o miles de libros y puedes leer tu libro en cualquier lugar, incluso hacer anotaciones y hasta resaltar partes del texto que te interesen. Particularmente me parece una muy buena opción para poder mejorar la experiencia de la lectura y lograr una mayor interacción con los lectores, sea poniendo enlaces a videos o páginas web dentro del libro. Un libro físico o audiolibro no te permite hacer esto. Mis tres primeros libros, además de contener imágenes, están llenos de enlaces a videos dentro de mi canal de YouTube, esto permite a los lectores tener acceso a más información, además de que puedan escucharme o verme, algo que sirve para lograr un mayor vínculo entre nosotros. Esta opción es muy buena para personas visuales.

La ventaja del libro físico radica en que tu lector podrá tener tu libro en sus manos, olerlo, mirarlo, subrayarlo, hacer anotaciones. Creo que el vínculo con el libro es mayor cuando es físico. Por otro lado, al ser físico, tangible, tiene un impacto mayor en las personas al recibirlo, versus las versiones digitales. He percibido esto las veces que he obsequiado un libro a alguna persona, sobre todo cuando he podido firmarlo. Los libros físicos tienen un encanto especial difícil de superar.

Amazon te ofrece la posibilidad de publicar tu libro en las tres versiones, aunque la versión de audiolibro no está disponible para todos los países. Al momento de escribir este libro, esta opción no está disponible, por ejemplo, para el Perú.

Imagino que a esta altura del capítulo te estarás haciendo la pregunta, ¿en qué momento me enseñará a realizar la publicación en Amazon? Vamos a ello.

Antes que nada, debo decirte que el objetivo de este capítulo no es darte una guía detallada de cómo hacer la publicación en Amazon, ya que existen muchas guías disponibles en Internet. Inclusive Amazon te ofrece una cantidad de información importante con la que podrías realizar todo el proceso.

Sin embargo, si te daré información suficiente como para que puedas hacer la publicación de tu libro.

Primero que todo, antes de realizar tu publicación necesitas de la siguiente información:

1. **El título y subtítulo de tu libro.**

2. **Una breve descripción del contenido del libro.** Mi sugerencia aquí es que sea una descripción vendedora. Aquí puedes indicar por qué escribiste el libro, a quién está dirigido, cuál es el contenido y los beneficios para quienes lo lean. Si deseas, puedes usar la descripción que preparaste para mandar a diseñar la portada y contra portada de tu libro.

3. **La portada** del libro es en JPG para la versión Kindle.

4. **El archivo con el contenido de tu libro.** Este archivo debe estar formateado cumpliendo con los requisitos que solicita Kindle. Para ello puedes contratar los servicios de algún profesional para que se encargue de ello o hacerlo tú mismo puesto que Amazon pone a disposición una herramienta gratuita llamada Kindle Create. Con esta herramienta puedes hacer el formateo tú mismo.

5. **Dos categorías identificadas donde publicarlo.** Una vez que inicies el proceso de publicación, Amazon te dará la posibilidad de elegir dos categorías. Es importante que elijas adecuadamente estas categorías, ya que ello puede permitir a tus futuros lectores encontrar con más facilidad tu libro. Tienes categorías dentro de Ficción y No Ficción. Una vez que estés en esta parte podrás ver con calma y detalle todas las disponibles. ¡Elije bien!

6. **Palabras clave.** Amazon te permite agregar siete palabras clave que se complementen con el título y subtítulo de tu libro y sirvan para que tu libro aparezca en los buscadores.

Segundo, debes crear una cuenta en KDP Amazon para que desde ahí puedas realizar la publicación. Puedes crearte una cuenta desde este enlace: **https://KDP.Amazon.com/**

Pero antes debes contar con un usuario y contraseña en Amazon. En caso no la tengas ingresa a **https://amazon.com** y crea un usuario para ti. Este mismo usuario y contraseña es el mismo que deberás ingresar en KDP para poder crear una cuenta desde donde publicarás tus libros.

Una vez que tengas un perfil en KDP necesitas ingresar tus datos, esto incluye el que pases por una entrevista virtual para que el Departamento del Tesoro de los Estados Unidos determine qué tipo de contribuyente eres y cómo recibir los impuestos por tus regalías.

Las preguntas son sencillas. Lo más probable es que si estás fuera de EE. UU., la retención sea del 30 % de tus regalías, aun así es rentable.

También necesitarás ingresar los datos de alguna cuenta bancaria en EE. UU. para poder recibir las regalías. Amazon paga a los 60 días de la venta. En caso no cuentes con una cuenta de banco en EE. UU. no te preocupes, puedes acceder al servicio de una empresa llamada **Payoneer**. Esta empresa crea para ti una cuenta en EE. UU. y la vincula a una tarjeta de crédito Master Card. Todo este trámite es gratuito para ti, Payoneer solo te cobra una comisión por el ingreso de dinero y un monto anual que no es elevado. Desde esta cuenta puedes hacer muchas cosas. Hay mucha información disponible. Te invito a que ingreses a la página de la empresa y revises sus videos tutoriales. Finalmente, cuando tengas tu cuenta en esta página contarás con la información que solicita Amazon para que puedas estar en capacidad de publicar.

Una vez que hayas ingresado tus datos personales, hayas respondido a las preguntas de impuestos y hayas dado los datos de una cuenta en EE. UU. para el pago de tus regalías, estás listo para poder publicar tu libro en versión digital.

Una vez dentro de tu usuario en KDP deberás ingresar a *bookshelf*, luego aquí:

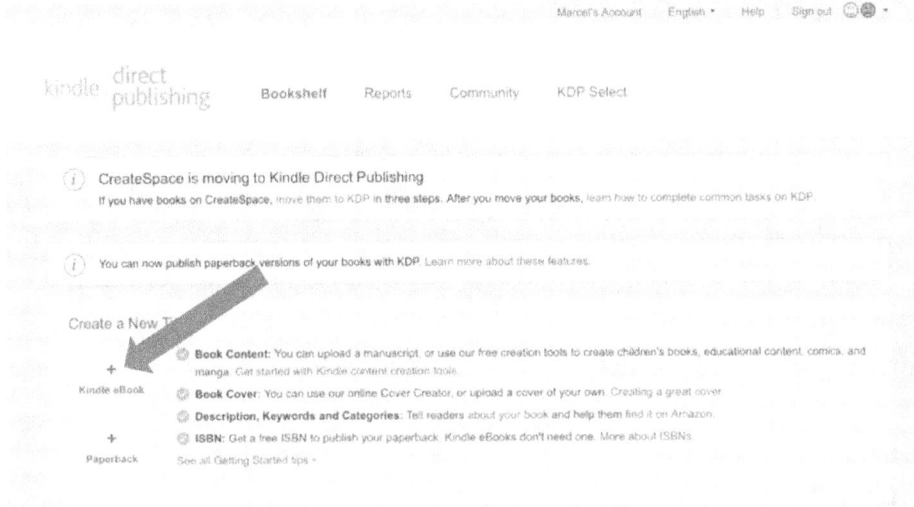

Una vez que lo hayas hecho, lo único que debes hacer es tener la información que te recomendé tener con anticipación y empieces a responder las preguntas. La secuencia es muy sencilla y Amazon te explica sobre cada una de las preguntas en caso tengas alguna duda. Para hacerlo, te sugiero que elijas el idioma español antes de completar este proceso.

Si cuentas con el manuscrito de tu libro ya completo, puedes elegir la publicación inmediata de tu libro y empezar a venderlo. Pero en caso aun no tengas el libro completo, puedes hacer una pre publicación, lo que te permitirá ir ofreciendo tu libro por anticipado. La gran ventaja de hacer esto es que Amazon te brinda 90 días para terminarlo y subir la versión final, y a veces es bueno tener un *deadline* y un poco de presión para poder lograr algo. Solo ten presente que si decides usar la prepublicación y luego de los 90 días no has finalizado tu libro y por lo tanto no puedes subirlo, Amazon te penalizará impidiéndote hacer una pre publicación por un año.

Tal como te dije, hacer la publicación no es difícil, y con la información que aquí te he presentado estás ya en capacidad de hacerlo.

Ahora toca que des a conocer tu libro y consigas potenciales compradores. Aprenderás cómo hacerlo en el siguiente capítulo.

Aquí tienes algunos enlaces que te darán información detallada para tu publicación en Amazon.

Crear tu cuenta KDP:
http://bit.ly/CuentaKDP

Gestión de cuenta KDP:
http://bit.ly/GestionCuentaKDP

Preparar, publicar y promocionar tus libros en Amazon:
http://bit.ly/PublicarAmazon

Actualizar detalles del libro:
http://bit.ly/GestionCuentaKDP

Actualizar manuscrito:
http://bit.ly/ActualizarManuscrito

Actualizar la portada:
http://bit.ly/ActualizarPortada

Cómo recibir el pago:
http://bit.ly/PagoKDP

Información tributaria:
http://bit.ly/InfoTributaria

CAPÍTULO 8: PROMOCIONA

«Si la oportunidad no golpea, construye una puerta.»
Milton Berle

En este capítulo te enseñaré qué canales de comunicación puedes usar para promocionar tu libro, también qué contenido publicar en tu comunicación.

Es momento de dar a conocer al mundo tu libro, de llegar a ese lector o lectora ideal que identificaste al momento de trabajar el objetivo de tu libro.

Posiblemente pienses que la tarea de promocionar el libro viene después de haber realizado la publicación, pero no es así. La promoción de tu libro inicia antes.

Mi sugerencia para ti es que inicies la promoción de tu libro inmediatamente después de haber definido el objetivo y el título y subtítulo de tu libro. ¿La razón? Necesitas empezar a captar la atención y generar interés en tu libro, esto se traducirá en personas que deseen comprarlo e incluso promoverlo.

La buena noticia es que no necesitas invertir en publicidad para promocionar tu libro, personalmente hago mis promociones y las de mis clientes sin invertir en publicidad y siempre logramos buenos resultados. Esto no significa que invertir en publicidad sea malo, pero en caso no desees realizar esta inversión, simplemente sigue los consejos que te doy a continuación.

Debes organizar una campaña de comunicación con el objetivo de dar a conocer el libro y generar interés en su compra.

Algo que me ha funcionado muy bien es iniciar la promoción de mis libros o los de mis clientes unas cuatro semanas antes del lanzamiento formal. Cuando digo lanzamiento me refiero al día en el que tu libro estará disponible para la compra.

Como principales canales de difusión te recomiendo utilizar tres:

1. Las redes sociales
2. Correo electrónico
3. WhatsApp

Las redes sociales

Algunas redes sociales serán más importantes que otras dependiendo de cuál es la audiencia a la que te diriges. Personalmente, la red que utilizo más es LinkedIn ya que me permite estar a la vista de empresas y personas que se encuentran dentro de mi nicho de mercado. Debido a ello he ido sumando contactos de valor a lo largo del tiempo. A la fecha, cuento con poco más de 10 200 contactos, de modo que puedo dar buena visibilidad a mis publicaciones en esta red profesional.

Ahora, **antes de promover tu libro en tus redes sociales, te sugiero que desarrolles una marca personal y que cada una de tus redes sociales la transmita adecuadamente junto a tu oferta de valor**, ya que una vez que empieces a promocionar tu libro atraerás tráfico a tu perfil y, si la imagen que muestras no es la mejor, podrías generar una percepción negativa sobre ti y tu libro. Un libro que puede ayudarte a crear y gestionar adecuadamente tu marca personal es **Conviértete en una marca de lujo y monetiza tu potencial**, donde comparto el sistema que uso en mis asesorías personales.

Una vez que tengas tus perfiles alineados a tu marca personal, te sugiero realizar cinco publicaciones, una por semana, cuatro antes del lanzamiento de tu libro, dejando la última para después del lanzamiento.

En la primera publicación puedes grabar un video sencillo con tu celular, donde te presentes y comuniques que estás escribiendo un libro. Puedes mencionar que es tu primer libro, indicar de qué trata (muy brevemente), a quién se dirige, cuáles son los beneficios para quienes lo lean y finalmente compartir el motivo por el cual lo estás escribiendo. Es muy importante que compartas este motivo, la razón por la que lo haces, ya que ello permitirá que muchas personas se identifiquen contigo y con tu proyecto y, por lo tanto, se interesen en seguirte o incluso comprar tu libro. Si vas a grabar el video con tu celular, te sugiero que lo hagas en un lugar donde no haya mucho ruido, de modo que se escuche con total claridad tu voz. También sería bueno si pudieras elegir un lugar agradable a la vista, de modo que puedas dar también una primera buena impresión a quien no te conozca.

Aquí tienes el video que compartió Adriana Arismendi en la promoción de su libro #1 en ventas: **Líder Irreverente**: **https://marcelverand.com/liderirreverentev1**

En la segunda publicación puedes compartir el título y subtítulo de tu libro; también te sugiero compartir la portada en caso ya la tengas. Aquí no es necesario que hagas un video, puede ser simplemente un texto con la imagen. Otra alternativa es que publiques alternativas de portadas solicitando el apoyo y opinión de la red para encontrar la que mejor representa o expresa el título y promesa de tu libro. Esta acción es muy poderosa porque suele generar *"engagement"* o compromiso en quienes participen con su opinión, sobre todo si tomas en cuenta sus sugerencias y con ellas eliges la mejor portada.

Estas personas se sentirán parte de tu proyecto y el día del lanzamiento podrían tener mucho interés en comprar tu libro.

Aquí tienes el ejemplo de mi publicación solicitando apoyo en la elección de mi portada para este libro: Conviértete en Autor y Monetiza tu Potencial: **http://bit.ly/Promocion2MV**

En tu tercera publicación debes indicar cuál fue la portada ganadora en caso hayas compartido las alternativas de portada. También te sugiero indicar la fecha del lanzamiento y el precio al cuál venderás tu libro. Aquí es importante que sí realices otro video donde compartas un poco más de información del contenido de tu libro y de cómo beneficiará a tus lectores. Ten presente que esta publicación será justo una semana antes de tu lanzamiento.

Aquí tienes la publicación que compartió Sanqui en el lanzamiento de su libro #1 en ventas: **Sueña en grande** donde muestra cuál es la portada ganadora: **http://bit.ly/SanquiPromoLibro**

En caso te sea posible, sería adecuado que puedas contar con una «página de captura» de datos que te permita recibir el nombre y correo electrónico de las personas que puedan estar interesadas en ser notificadas el mismo día del lanzamiento del libro. Si puedes contar con este recurso, te sugiero que incluyas el URL de esta página en tu tercera publicación con el siguiente mensaje: «*te invito a que te suscribas a mi boletín para mantenerte informado sobre la fecha y lugar de compra de este libro.*» Personalmente utilizo **GetResponse** para poder crear estas páginas de captura y también administrar el envío de correo electrónicos. Puedes crear una cuenta gratuita por 30 días y probar la herramienta, solo debes ingresar aquí: **http://bit.ly/ConoceGetResponse**

Aquí te muestro cuál es la página de captura que utilicé para promover mi libro: **Conviértete en speaker y monetiza tu potencial**

CONVIÉRTETE EN SPEAKER y Monetiza tu Potencial

Todo lo que quieres saber para convertirte en conferencista profesional, hacer crecer tu negocio, posicionarte como líder influyente y obtener oportunidades para hablar en público.

El 23 de noviembre realizaremos un pre-lanzamiento del libro vía Amazon. Deja tus datos de contacto para enviarte por correo el enlace desde donde puedes aprovechar la compra de la versión digital a USD 0.99.

Su Nombre

Su Email*

Inscríbete

Esta página de captura me permitió recibir los datos de cientos de personas que tenían interés en adquirir el libro una vez estuviera disponible para la compra.

Tu cuarta publicación es muy importante ya que es la que utilizarás para dar la información de compra de tu libro. Te sugiero que la realices el mismo día que has elegido para el lanzamiento de tu libro. Para ese día sería muy bueno que hayas grabado con anticipación otro video, un video que sirva como *"trailer"* de tu libro, donde comentes de qué trata, a quién está dirigido, cuáles son los beneficios de haberlo escrito y también qué te motivó a escribirlo. Además de compartir este video en tu publicación, es importante que también dejes información sobre el enlace donde lo pueden comprar, etc.

Aquí comparto el video que realicé para promover mi libro # 1 en ventas **Conviértete en una Marca de Lujo y Monetiza tu Potencial**: https://bit.ly/promomarcadelujolibro

Como puedes ver el video es sencillo, sin embargo presenta cuál es la promesa del libro y el motivo por el cual lo escribí.

Con estas cuatro publicaciones lograrás dar a conocer tu libro y tendrás la posibilidad de generar interés en tu libro y en ti. Ahora, dado que un grupo de personas te apoyará y comprará tu libro el día de tu lanzamiento, es recomendable que puedas hacer una **quinta publicación de agradecimiento** por el apoyo recibido. Puedes hacerla al día siguiente o pasados unos pocos días.

Aquí comparto algunos ejemplos de agradecimientos:

Carolina Angarita Barrientos:
http://bit.ly/CaroAngBestSeller

Sandra Quintero Abello- Sanqui:
http://bit.ly/SanquiBestSellerInternacional

Adrián Guevara:
http://bit.ly/AdrianGBestSeller

Finalmente, es importante que no dejes de promover tu libro. Puedes hacerlo con un mensaje muy sencillo y una imagen donde aparezca la portada de tu libro, e incluso tu fotografía, como lo hace Sergio Valencia.

Correo electrónico

Otro recurso que puedes utilizar es el correo electrónico. Hacerlo es tan sencillo como preparar un texto donde compartes la noticia del lanzamiento de tu libro e invitas al destinatario a que haga la compra.

Mi sugerencia es que en ese correo indiques qué te motivó a escribir el libro y de qué trata. Luego comparte el enlace de compra.

Una alternativa más profesional para el uso del correo electrónico sería que utilices un auto responder como GetResponse. El auto responder te permitirá crear listas de correos y administrarlas, además de programar envío de emails a cada lista. Puedes crear tu lista manualmente o utilizar páginas de captura como la que utilicé para mi libro **Conviértete en speaker**. Estas páginas tomarán el nombre y correo electrónico de las personas que se registren e irán directamente a la lista que hayas vinculado a dicha página de captura. En caso cuentes con un auto responder, podrías programar el envío de emails con contenido muy similar al que publicaste en las redes sociales, de modo que tu audiencia vaya informándose sobre tu libro y participando del proceso de lanzamiento. Este es un recurso poderoso ya que asegura que las personas que realmente tienen interés en el libro reciban el email con la información para la compra.

WhatsApp

Finalmente te recomiendo utilizar WhatsApp. Este aplicativo te permite compartir enlaces, imágenes, documentos y texto. Mi sugerencia es que aproveches este recurso el mismo día del lanzamiento de tu libro. Debes enviar información sobre el libro y el enlace desde donde pueden comprarlo. Incluso podrías formar grupos de WhatsApp con las personas que tengan interés en adquirirlo, de tus ex compañeros de colegio, universidad, trabajo, etc.

En este capítulo no he hablado de otros canales que puedes usar para promocionar tu libro como artículos, entrevistas en radio, tv, Internet, conferencias, etc. Todos estos canales masivos son muy poderosos para la promoción de tu libro, en caso tengas oportunidad de acceder a ellos hazlo, pero en caso de que no tengas esa oportunidad, no hay problema, simplemente sigue los consejos que te di en el uso de las redes sociales, correo electrónico y WhatsApp.

MARCEL VERAND

Aprovecha otros canales...

También te recomiendo buscar oportunidades para promocionar tu libro a través de entrevistas y conferencias. Estoy agregando este párrafo en esta edición actualizada del libro a muy poco tiempo de haberlo lanzado y de haber obtenido muy buenos resultados en diferentes mercados en Amazon. Te cuento que hice el lanzamiento de este libro en la ciudad de Bogotá, a través de una conferencia en una de las salas de UNIANDINOS, la asociación de egresados de la Universidad de los Andes de Colombia. Esta conferencia ayudó a promover la venta del libro el día de su lanzamiento e incluso obtener personas interesadas en la asesoría que ofrezco para la escritura, publicación, promoción, venta y monetización de libros. Lo único que hice para obtener esta oportunidad fue solicitarla a través de un contacto en la asociación ofreciendo la conferencia. Tú también lo puedes hacer.

No quería cerrar este capítulo sin antes mencionar uno de los enemigos de los que debes cuidarte respecto a la promoción de tu libro. Es un enemigo que tenemos muchas, muchas personas. Me refiero a nuestras creencias negativas respecto a esta actividad. Es posible que pienses que estás incomodando a tus contactos o personas en la red al enviar tus publicaciones sobre el libro. Si es tu caso, te sugiero que vuelvas a conectarte con el propósito y motivo por el cual estás escribiendo tu libro, así como el impacto positivo que puede tener en la vida de muchas personas. Tú sabes bien que habrás escrito tu libro con el mejor deseo de agregar valor, considéralo como un obsequio a la humanidad. Si lo miras de esta manera te darás cuenta de que lo que haces al promocionarlo es dar la oportunidad a más personas de beneficiarse de su contenido. Tú, al igual que yo, sabes que existen muchas empresas y productos que no aportan valor al mundo, más bien todo lo contrario, y sin embargo promocionan muy bien sus productos o servicios. Si ellos lo hacen, ¿por qué tú no? Tu libro y tu mensaje son positivos y merecen ser difundidos. Piénsalo.

Te comento esto ya que por mucho tiempo me sentía muy incómodo de promocionar mi trabajo o de ofrecer mis servicios. En realidad, esto era porque dudaba de la calidad de los mismos, menospreciaba mis capacidades y talentos, incluso a pesar de haber tenido buenos resultados en mi actividad laboral. No me daba cuenta que al menospreciar mi trabajo y no promoverlo estaba privando a muchas personas y empresas de poder beneficiarse de él. Ya no lo hago más. Lo mejor es que al empezar a liberarme de ese tipo de creencias negativas empecé a conectarme aún más con recursos, talentos y habilidades, como por ejemplo escribir. Descubrí que tengo facilidad para hacerlo. Este es mi cuarto libro y seguramente escribiré muchos más.

Te invito a que hagas lo mismo. No sientas pena o vergüenza de promocionar tu libro. Y si encuentras a alguien que te juzga por hacerlo, no le prestes atención, no la merece. Siempre existirán personas así, lo que te toca a ti es no permitir que ingresen a tu vida.

¡Así es que adelante con la promoción de tu libro!

En este capítulo he compartido contigo una estrategia para utilizar tus redes sociales, el correo electrónico y WhatsApp. Como habrás notado, no es algo difícil de hacer y puedes hacerlo tú sin requerir de ayuda profesional para ello. En el siguiente capítulo compartiré contigo algunas ideas para que puedas monetizar tu libro.

CAPÍTULO 9: MONETIZA

«No hay ascensor hacia el éxito. Tienes que tomar las escaleras.»
Zig Ziglar

En este capítulo descubrirás como capitalizar al máximo tu libro. Compartiré contigo cinco estrategias para monetizarlo.

Si bien existen autores que han generado un gran ingreso económico a través de las ventas de sus libros, considero que las mejores oportunidades económicas, e incluso de desarrollo, surgen como consecuencia de tener un libro publicado.

Un libro puede abrirte muchas puertas, y uno de los principales motivos es que el porcentaje de la población a nivel mundial que ha escrito y publicado un libro sigue siendo muy muy bajo. Hace algunos meses veía una estadística sobre libros publicados en Latino América y me parece que el promedio de la población que había escrito y publicado un libro representaba el 0.2 % o menos. Tal como te indiqué antes, recuerdo también haber leído hace algunos años una estadística que indicaba que en EE. UU. solo el 0.4 % de la población publica un libro al año. De modo que el que te conviertas en autor publicado te ubica en un grupo selecto de personas, esto eleva tu valor y el valor del conocimiento que tienes. Es por todo esto que se pueden abrir muchas oportunidades para ti si sabes manejar la publicación de tu libro y tu marca personal de forma adecuadas.

Antes de continuar, me parece justo indicar que existe un país en Europa donde el 10 % de la población ha publicado un libro, me refiero a Islandia. No es casual que este país también cuente con la mayor tasa de lectura a nivel mundial. Pero ellos son un caso aislado, en la mayoría de los países del mundo el porcentaje de autores es muy bajo respecto a su población.

Quiero darte cinco ideas de cómo puedes monetizar tu libro:

Por un lado, están las **regalías por las ventas**. En este sentido te sugiero que ofrezcas la venta de tu libro en versión digital, versión física y como audiolibro. Amazon es un excelente lugar donde puedes hacer estas publicaciones. El porcentaje que recibes por las ventas al realizar una auto publicación es mucho mayor que cuando una casa editora publica el libro por ti. Existen muchas tiendas virtuales donde puedes poner tu libro a la venta de forma digital, incluso hay empresas que se encargan de hacer la distribución por ti.

También puedes generar ingresos al desarrollar **cursos digitales** relacionados al tema que ofreces en tu libro. Como bien recordarás, ya te he sugerido que no escribas libros muy extensos puesto que suelen tener un porcentaje de lectura muy bajo. Un curso digital te permite profundizar mucho en los temas que desees, además de agregar ejercicios, actividades y demás recursos que ayuden a las personas a poder lograr mejores resultados. Al escribir un libro y lograr conexión con quienes lo han leído, puede hacerte más sencillo el lograr ventas de tus cursos digitales a estas personas. Existen muchas plataformas disponibles en Internet donde puedes subir tus cursos digitales. La plataforma que uso para mis cursos digitales es: https://www.hotmart.com/es. Para crearlos basta con que tengas un buen micrófono, te apoyes en buenos recursos visuales y puedas explicar didácticamente tu contenido.

También puedes monetizar tu libro a través de conseguir oportunidades para dar **conferencias**. Estoy seguro que existen muchos eventos empresariales en tu país, averigua qué eventos están tratan del tema de tu libro o pueden beneficiarse del contenido de tu libro. Una vez que los encuentres, toma contacto con los organizadores y proponte como conferencista o para participar en un panel como experto. Para que logres tener estas oportunidades es importante que ya cuentes con una capacidad comprobada de dar presentaciones de alto impacto y una marca personal buena. Un libro donde puedes aprender lo necesario para que te conviertas en conferencista es **Conviértete en speaker**, lo encontrarás en Amazon. También puedes hablar en instituciones educativas. Mi sugerencia, en caso estés iniciando esta actividad, es que no cobres por tus presentaciones, tu objetivo es dar a conocer tu libro. En muchas ocasiones, te darán la posibilidad de ofrecer y vender copias de tu libro a los asistentes, en esos casos, sería bueno que tengas a una o más personas que se encarguen de poder entregarlo y realizar el cobro. Con el tiempo podrás cobrar muy buenos honorarios por tus presentaciones. Algo importante por agregar aquí es la gran oportunidad que una conferencia te ofrece de vender asesorías. Personalmente suelo obtener clientes para mis servicios de asesoría personal luego de dar una conferencia, sobre todo si está está dirigida a mi público objetivo.

Es por ello que una de las mejores formas de monetizar tu libro es a través de la oferta de servicios de **asesoría o consultoría**. El que cuentes con un libro te convierte en el experto en el tema, por lo tanto, ante los ojos de tus lectores, eres la mejor opción para que los ayude en los temas sobre los que tratas en tu libro. El tener un libro representa una gran ventaja competitiva respecto a tu competencia. Solo ponte a pensar en tu competencia, ¿cuántos tienen libros publicados? Imagina que llegas a una reunión con un potencial cliente y al momento de llegar a la reunión, te das cuenta que ya han recibido la visita de tu competencia pues cuentan con su brochure en la mesa. Al iniciar la reunión puedes obsequiarle una copia de tu libro y verás cómo ante los ojos de tu cliente, tu libro tiene un valor mucho mayor que el mejor de los brochures. Además del libro, la otra mejor forma de conseguir oportunidades de asesoría es dando presentaciones y conferencias sobre el tema.

MARCEL VERAND

Si no sabes cómo crear un servicio profesional te recomendaré buscar mi libro **Conviértete en Asesor**, también disponible en Amazon, donde comparto cómo crear, promocionar, vender y entregar un servicio profesional.

Escribir un libro puede representar la mejor inversión de tu tiempo y dinero ya que las oportunidades de capitalizarlo son muchas. Esto sin contar el impacto que puede tener en tu vida y en la vida de tus lectores. Así que te invito a que dejes las excusas y empieces a escribir tu libro ya.

CAPÍTULO 10: ENTREVISTA A EXPERTOS

"Los sueños se realizan cuando mantenemos nuestro compromiso con ellos."
Judy Wardell Halliday

Mi deseo es agregarte el mayor valor posible, es por ello que en este capítulo estoy compartiendo contigo la entrevista que les hice a diferentes autores destacados y profesionales relacionados al mundo de la publicación y venta de libros. Te invito a ingresar a los enlaces y ver las entrevistas. Te aseguro que te darán aún más recursos para que puedas escribir, publicar, promocionar y monetizar tu libro.

Invitados:

1. **Carla Olivieri**, CEO & Rectora de UCAL | Conferencista | Autora
2. **Bárbara Herrera**, CEO la Agencia La Pluma | Experta en promoción de libros
3. **Sandra Camacho**, Correctora de estilo | Autora
4. **María Bolívar Villarroel**, Asesora en LinkedIn

Carla Olivieri – Autora de los libros Yo fuera de la caja | Mi hijo es hiperactivo, ¿el tuyo?

Carla es CEO en la Universidad de Ciencias y Artes de América Latina en Lima, conferencista y autora publicada. En esta entrevista nos comenta cómo fue el proceso que siguió para escribir sus libros y cómo éstos han impactado en su vida tanto a nivel personal como profesional.

Puedes ver la entrevista en este enlace:
http://bit.ly/CarlaOlivieriMV
En caso desees conocer más sobre Carla puedes ingresar aquí:
linkedin.com/in/carla-olivieri

Bárbara Herrera Puch – Promoción y venta de libros

Bárbara es la Gerente General de la agencia de marketing especializada en autores LA PLUMA. Trabaja con diversos autores ofreciéndoles el servicio de promoción y venta de sus libros a través de diferentes canales y estrategias. En esta entrevista comparte algunas de sus estrategias para promover y vender libros tanto físicos como digitales.

Puedes ver la entrevista en este enlace:
http://bit.ly/BarbaraHerreraMV
En caso desees conocer más sobre Bárbara puedes ingresar aquí:
http://bit.ly/BarbaraHerreraPLinkedIn

Sandra Camacho – Correctora de estilo

Sandra, es autora del libro *best seller* **Letras y Sentimientos**. Pero su principal actividad consiste en ayudar a los autores revisando sus manuscritos para asegurar que no tengan errores ortográficos o gramaticales; también los ayuda revisando la redacción de modo que el mensaje de todo el libro sea claro y consistente a lo largo de toda la lectura. En esta entrevista Sandra comparte algunas sugerencias sencillas a nivel de la redacción y también indica cuál es la mejor forma de elegir y trabajar con un corrector de estilo.

Puedes ver la entrevista en este enlace:
http://bit.ly/SandraCamachoMV
En caso desees conocer más sobre Sandra puedes ingresar aquí:
linkedin.com/in/sandra-camacho-verand

Debido a la importancia que tiene el que incluyas el trabajo de un corrector de estilo, le pedí a Sandra que me envíe sus respuestas ya redactadas a fin de incluirlas aquí.

¿En qué consiste el rol de un corrector de estilo? ¿En qué se traduce la ayuda que ofrece a un escritor?

En principio, un corrector de estilo corrige un documento original con la intención de darle claridad, concisión y armonía... esto quiere decir, corregir la ortografía, la gramática, sintaxis, estilo, formato, precisión... sin alterar nunca el contenido, el espíritu del libro... ¡solo se toca el atuendo!.

En este caso específico estamos hablando de profesionales que publican por primera vez y que, además, lo hacen para compartir los conocimientos y experiencia adquiridos a lo largo de su experiencia de vida y de trabajo; bajo esta premisa, lo que sí hago es dar ideas o sugerencias.

A mí me resulta una experiencia realmente gratificante. Me tengo que poner en el papel del lector y en el papel del escritor.

Como lector, debo ser capaz de entender lo que el escritor está transmitiendo... aunque no tenga conocimientos del tema que el libro está tratando, tiene que tener, mínimamente, sentido.

Como escritor, debo ser capaz de transmitir con claridad y lucidez, debo ser capaz de llegar y tocar a mi lector. Es aquí donde yo encuentro un reto... es aquí donde tengo que «entender y aprender» lo que el escritor está comunicando, aunque no sea mi campo de acción... y es aquí donde me atrevo a hacer sugerencias o dar ideas para hacer la lectura más cercana.

Cuando sugiero un cambio o modificación, por supuesto que va acompañada de una justificación. Y mira, alguna vez me ha pasado que no se ha hecho el cambio, sino que se ha complementado para darle sentido a la palabra o expresión que quería modificar... la mayoría de las veces sí se hace la modificación... en ambos casos el libro (¡y yo!) ha salido enriquecido... y justamente esa es la idea, que el libro se enriquezca con la intervención del corrector de estilo.

Y siempre... siempre... prevalece la decisión del escritor.

MARCEL VERAND

Por otro lado, lo que pasa también es que el escritor adquiere experiencia para su siguiente... o siguientes libros, porque obviamente, una vez que les entrego la copia definitiva, vuelven a leer el documento pues tienen que estar de acuerdo con el resultado... a mí me gusta pensar que tienen que «sentir que es su libro»... que el espíritu del libro sigue siendo el mismo, que nada ha cambiado... y esa lectura sienta una base para siguientes publicaciones.

¿Qué consideraciones debe tener un autor al momento de contactar a un corrector de estilo?

Debe tener en cuenta ante todo que el corrector es una persona en la que puede confiar, ¡que es un aliado!, y yo, por ejemplo y dependiendo del caso, inclusive prefiero corregir un par de hojas o más del texto para que sea considerado por mi cliente y sepamos los dos que eso es lo que se quiere y si no, estamos a tiempo de reencausar el trabajo, porque un corrector tiene que tener la capacidad y flexibilidad de adecuarse al estilo de la publicación.

Creo que aquí es conveniente hablar de las tarifas, que hay muchas... en general, se dice que este no es un trabajo valorado... tengo que aceptar esta premisa como cierta desde el punto de vista estrictamente económico... porque no es solo tener una bagaje de conocimientos, es también investigación por cada libro que se corrige... no es corregir un párrafo y pasar al siguiente, es revisarlo, releerlo... ¡es un trabajo meticuloso!; te doy un ejemplo... hace un tiempo me dieron un libro en el cual citaban un hecho histórico (de historia europea) y había una parte que no se ajustaba a la realidad y un par de fecha erradas... por regla general me cercioraré de que este tipo de información sea precisa... y si no lo es, hablaré con mi cliente para que el libro refleje los datos correctos... entonces, todo este trabajo no se ve ni se considera, pero un buen corrector lo hace, así es que aconsejo no fiarse de las tarifas barata y de quienes ofrezcan tiempos record... los tiempos record, de muchas horas al día y fines de semana tienen un costo adicional... lo cual es justo... todas estas son consideraciones que se deben tener en cuenta cuando se contrata un corrector de estilo.

MARCEL VERAND

Y también, considerar que no existe libro que pueda ser editado sin antes haber pasado por una, dos, tres y más revisiones... leí hace no mucho un artículo de Arturo Pérez Reverte en el que dice que no importa por cuántas revisiones haya pasado el libro, cuando el autor abre el libro (en libros de papel... en e-books igualmente se encontrará)... ¡ahí está! ese error desgraciao que a todos se nos pasó.

Siempre, ¡siempre!, deja que tu libro sea corregido.

¿Qué tipo de información es la que sueles requerir de tus clientes para ponerte a trabajar en un libro?

Básicamente necesito un documento en Word en el que yo pueda trabajar haciendo todas las modificaciones necesarias e insertar todas las anotaciones requeridas. Me gusta trabajar con un documento original donde se reflejan todos los cambios, modificaciones, inserciones, anotaciones, etc., y un documento donde tengo todos los cambios aceptados que es el que suelo pedir que lean mis clientes... la verdad me funciona muy bien en el sentido de que para ellos es muy fácil insertar cambios y anotaciones simplemente en otro color... nos resulta un método sencillo.

Luego, otra cosa que me gusta, es intentar mantener por lo menos una conversación telefónica en el caso de que reciba solo material escrito... muchas veces también recibo grabaciones y eso me ayuda... pero escuchar el tono, cadencia, ritmo, vocabulario de mis clientes, me ayuda a ponerme en sus zapatos e imaginarlos «contando» su libro mientras lo corrijo.

Muchos autores tienen dificultades para poder organizar y presentar la información que tienen disponible en un libro. ¿Qué consejo les puedes darles en ello?

Cuando no se tiene experiencia, como es el caso de quienes desean publicar un libro por primera vez, lo más aconsejable es que busquen la ayuda y consejo de alguien que cuente con la experiencia necesaria para guiarlo en esta experiencia única. De esta manera se pueden centrar en lo que es realmente importante, el contenido del libro, mientras que un experto, como tú, lo lleva de la mano en la presentación y edición del libro… en pocas palabras, se pueden centrar en el espíritu del libro.

¿Qué consejo o mensaje le darías a quienes tienen el interés de escribir su primer libro?

¡Paciencia y organización! No escatimar esfuerzo y plantear y replantear las ideas hasta que expresen al 100 % lo que desean decir o compartir… y este consejo va relacionada a la pregunta anterior; los grandes escritores cuentan con casas editoriales… pues nosotros contamos con expertos como tú que nos acompañan, guían y alientan en nuestro deseo de compartir y dar a conocer experiencias, conocimientos, sentimientos, etc.

Y desde el punto de vista de correctora, el hecho de plantear con paciencia y técnica la información evitará que tenga que sufrir un exceso de modificaciones por parte del escritor y un exceso de modificaciones por parte del corrector… ¡paciencia y organización!

Y todo, todo esto que he comentado sobre escribir, leer, corregir, adaptar, plantear, organizar, etc., lo creo, de verdad, funcionan el doble de bien y mejor si tienen como base una buena y optimista Actitud.

María Bolívar Villarroel – Asesora en LinkedIn

María, autora best seller en Amazon con su libro **Crea un perfil exitoso en LinkedIn**, se dedica a ayudar a empresarios y directivos a contar con un perfil estelar en LinkedIn, de modo que cada vez que atraigan tráfico hacia él proyecten la mejor impresión y al mismo tiempo tengan mayores posibilidades de generar negocios o concretar oportunidades laborales.

Como autor, al promover el lanzamiento de tu libro, atraerás tráfico hacia tu perfil de LinkedIn, por lo tanto, es importante que puedas contar con un perfil adecuado de modo que tus potenciales lectores sientan la confianza de comprar tu libro. En esta entrevista María ofrece diferentes consejos para crear un perfil estelar y también para poder gestionarlo adecuadamente a través de las publicaciones que puedes realizar a través de él.

Puedes ver la entrevista en este enlace:
http://bit.ly/MariaBolivarMV

MARCEL VERAND

En caso desees conocer más sobre María puedes ingresar aquí:
linkedin.com/in/mariabolívarvillarroel

DESPEDIDA Y LO QUE SE VIENE...

> *«Hoy haré lo que otros no hacen, así mañana haré lo que otros no pueden.»*
> **Jerry Rice**

Si has llegado hasta aquí entonces cuentas ya con los recursos necesarios para convertirte en autor. Valoraría mucho que me envíes un mensaje cuando publiques y promociones tu libro. Puedes escribirme directamente a este correo: **info@marcelverand.com**, será un gusto saber de ti.

Solo con escribir y publicar un libro ingresarás a un grupo selecto y reducido de personas en el mundo, pero si deseas dar un paso más y obtener la distinción de #1 en ventas en Amazon puedo ayudarte.

Puedo ayudarte a través de mi **Programa de Mentoría Grupal llamado Yo Autor Best Seller**, que en seis meses te ayudará a escribir, publicar, promocionar, vender y monetizar tu libro. Conocerás un poco más de este programa en las páginas siguientes.

Con este libro completo la colección **Monetiza tu potencial**. Estos cuatro libros contienen información suficiente que te permitirá crear una plataforma de exposición profesional o empresarial que te ayudará mucho a ganar visibilidad, posicionamiento e influencia en tu sector o mercado; en otras palabras, te ayudará a convertirte en un líder de opinión en tu sector. La ruta que te propongo seguir a través de estos tres libros es la misma ruta que han seguido muchos gurúes en el mundo durante muchos años.

Ya cuentas con las herramientas, te invito entonces a que las utilices, llévalas a la práctica. El éxito se encuentra detrás de la implementación.

Te invito a que te unas a mi red profesional en **LinkedIn**. Puedes encontrarme en este enlace:
https://www.linkedin.com/in/marcelverand

¡Me despido deseándote lo mejor!

Marcel

Descarga GRATIS el *checklist* **de las acciones a realizar por cada capítulo: https://checklistautor.gr8.com**

ACERCA DE MARCEL VERAND

MARCEL VERAND es autor número 1 *best seller* internacional en Amazon, *keynote speaker*, formador de líderes de opinión y también compositor.

La misión que Marcel ha elegido en esta vida, por tanto la cual dirige directamente su actividad profesional, consiste en ayudar a las personas a conectarse con una genuina sensación de realización personal a través del ejercicio de una actividad profesional que les permita acercarse más y más al estilo de vida que deseen.

Al momento de publicar esta versión del libro Marcel cuenta con 8 libros publicados en Amazon más un álbum musical llamado Memorias de un Despertar – Ira & Sacrificio.

Como asesor en escritura y publicación de libros, Marcel, ayuda a sus clientes a convertir sus libros en una poderosa herramienta de *marketing* que les permita ganar autoridad en su mercado, atraer más clientes y dejar un legado.

MARCEL VERAND

Web Site: https://marcelverand.com/

Email: info@marcelverand.com

Redes Sociales: @MarcelVerand

Página de Autor de Amazon:
http://www.Amazon.com/author/marcelverand

Proyecto Musical Memorias de un Despertar:
https://memoriasdeundespertar.com/

OTROS LIBROS DE MARCEL VERAND

Disponibles en Amazon:
http://www.Amazon.com/author/marcelverand

Colección Monetiza tu Potencial

Conviértete en una Marca de Lujo:	https://amzn.to/3cP800w
Conviértete en Autor:	https://amzn.to/2VTS9XO
Conviértete en Speaker:	https://amzn.to/3eRAJDU
Conviértete en Asesor:	https://amzn.to/3e1CKM6

PRODUCTOS DE MARCEL VERAND

CURSO DIGITAL CONVIÉRTETE EN AUTOR *BEST SELLER* EN AMAZON

He diseñado este curso digital con el detalle de toda la información que le brindo a mis clientes desde el momento cero en el que desean escribir un libro, aunque no saben sobre qué tema, hasta la publicación en Amazon, tanto en versión física como digital.

Siguiendo las instrucciones que dejo en el curso estarás en capacidad de poder lograr convertirte en autor en Amazon, 100 % garantizado. El tiempo lo manejas tú, pero si eres aplicado, puedes completar el proceso en unos seis meses al igual que los clientes de mis programas, incluso en mucho menos tiempo.

Este curso aún no está en línea, por lo que si tienes interés en recibir información sobre el curso cuando esté disponible envíame un correo a: **info@marcelverand.com**

¡Nos vemos del otro lado!

MARCEL VERAND

PROGRAMA YO AUTOR BEST SELLER

Más conocido como YABS, este programa tiene dos objetivos muy específicos:

- ✓ Hacer relevante el tema de tu libro/actividad profesional/mensaje.
- ✓ Lograr conexión contigo como autor

Alcanzando estos dos objetivos es que lograremos que **tu libro se convierta en un generador de potenciales clientes (*leads*)**

Esto es posible en un plazo de seis meses gracias al sistema que acompañamiento que hemos creado y que te lleva por las seis fases que he ido perfeccionando a lo largo de los años.

MARCEL VERAND

Lo mejor de todo es que además de escribir un gran libro, **compartirás el proceso con profesionales de gran trayectoria y de diferentes países**, lo cual impactará muy positivamente en tu red de contactos, así como en tu capacidad de amplificar las oportunidades para ti y tu libro fuera de tu país.

Puedes acceder a un video donde explico este programa aquí: **https://youtu.be/GaTo_5BmESY**

Con la guía adecuada, escribir un libro puede ser mucho más sencillo de lo que imaginas.

En caso tengas interés en tener una entrevista conmigo puedes agendarla directamente desde este enlace: **https://yoautorbestseller.youcanbook.me**

¡Nos vemos!

CONTRATA A MARCEL VERAND PARA TU EVENTO

... ¡y asegurarás un evento memorable, lleno de consejos prácticos y de fácil aplicación!

Por más de una década, Marcel Verand ha estado educando, entreteniendo y ayudando a diferentes profesionales en su desarrollo laboral o académico.

Su estilo único inspira y empodera a las audiencias, mientras les brinda las herramientas y estrategias que necesitan para crear una plataforma de exposición profesional que tenga impacto directo en sus objetivos personales, académicos o de negocio.

MARCEL VERAND

Temas sobre los que Marcel ya tiene conferencias:

- ➤ Conviértete en una marca de lujo y monetiza tu potencial
- ➤ Conviértete en speaker y monetiza tu potencial
- ➤ Conviértete en autor y monetiza tu potencial
- ➤ Conviértete en asesor y monetiza tu potencial
- ➤ Potencia tu Empleabilidad

Para más información envía un correo a **info@marcelverand.com**

Conviértete en autor y monetiza tu potencial
© Marcel Verand
2022

www.ingramcontent.com/pod-product-compliance
Lightning Source LLC
Chambersburg PA
CBHW060853220526

45466CB00003B/1357